안티크리스트

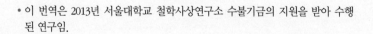

• 이 번역은 2013년 서울대학교 철학사상연구소 수불기금의 지원을 받아 수행된 연구임.

대우고전총서

Daewoo Classical Library

035

안티크리스트

Der Antichrist

프리드리히 니체 ┆ 박찬국 옮김

아카넷

일러두기

본문에서 (   ) 안의 주는 니체에 의한 것이고 [   ] 안의 주는 독자들의 이해를 돕기 위해 옮긴이가 삽입한 것이다.

　니체의 『안티크리스트』는 그 제목이 시사하듯이 그리스도교를 철저하게 비판하는 책이다. 그리스도교를 비판하는 책은 많지만 비판의 폭과 철저함 그리고 신랄함과 격렬함에서 니체의 그리스도교 비판을 따라올 책은 없을 것이다.

　옮긴이가 이 책의 말미에 붙인 해제에서 볼 수 있듯이 『안티크리스트』는 특정한 종교형태로서의 그리스도교를 비판하는 데 그치지 않고 플라톤에서 칸트와 독일관념론을 거쳐서 민주주의와 사회주의 그리고 무정부주의에 이르는, 이른바 그리스도교적 사고방식 전체를 비판하고 있다. 이 점에서 니체의 『안티크리스트』는 한스 퀑(Hans Küng)이 말하는 것처럼 포이어바흐나 마르크스의 그리스도교 비판보다도 훨씬 더 광범위하고 철저한 것이라고 할 수 있다. 니체의 관점에서는 포이어바흐나 마르크스도 그리스도교적 사고방식에 구속되어 있는 한, 결국은 니체의 그리스도교 비판의 사정권에서 벗어날 수 없기 때문이다. 더 나아가 『안티크리스트』는 본문 마지막에 붙은 '그리스도교 탄압법'에서 볼 수 있는 것처럼 그리스도교의 실제적인 폐지까지도 생각할 정도로 그리스도교를 격렬하게 공격한다.

『안티크리스트』에서 보이는 니체의 어조가 워낙 신랄하고 격렬해서 자칫 사람들은 니체의 분석이 거칠다고 느낄지도 모르겠다. 그러나 니체의 분석은 극히 섬세하다. 특히 불교와 그리스도교의 차이, 예수의 진정한 이념과 제도화된 그리스도교 교설의 차이, 불교와 예수의 이념 그리고 그리스도교의 교설 각각이 비롯되는 궁극적인 기반이라고 할 수 있는 생리학적·심리학적 기반의 차이에 대한 니체의 후각은 참으로 예민하고 섬세하다고 할 수 있다. 이 점에서 니체의 『안티크리스트』는 그리스도교를 맹신하기로 작정한 사람이 아니라면 누구나 많은 것을 얻을 수 있는 책이다. 그야말로 철저하게 반(反)시대적인 사상가인 니체는 이 저작에서도 다른 책에서처럼 우리가 자명하게 생각하는 많은 것들을 새롭게 생각해보도록 도발하고 있는 것이다.

니체의 『안티크리스트』는 그동안 나온 한글 번역본만 해도 족히 6종은 된다. 그러나 기존 번역본들에는 옮긴이 주가 그다지 많지 않아서 니체 사상에 대해 이미 상당한 이해를 갖춘 사람이 아니면 읽어나가기가 어렵다. 기존 번역본들이 갖는 이러한 문제점 때문에 새로운 번역본을 내기로 하였다. 기존의 번역본들을 참고하면서 최대한 정확하게 번역을 하려고 했으며 아울러 니체사상에 대해 문외한이더라도 읽는 데 큰 어려움이 없도록 상세한 옮긴이 주를 붙였다.

옮긴이는 이미 니체의『비극의 탄생』에 대해서도 상세한 옮긴이 주를 붙이는 방식으로 번역본을 낸 바 있다. 이 번역본에 대한 많은 독자들의 호의적 평가 덕분에 옮긴이는 큰 보람을 느꼈다. 이 번역본에 대해서도 독자들이 많은 관심을 가져주었으면 하는 바람이다.

기존의 번역본 중에서 참고한 것들은 다음과 같다.

『우상의 황혼/반 그리스도』, 송무 옮김, 청하, 1984
『바그너의 경우·우상의 황혼·안티크리스트·이 사람을 보라·디오니소스 송가·니체 대 바그너』, 백승영 옮김, 책세상, 2002
『偶像の 黃昏/アンチクリスト』, 西尾幹二, 白水社, 2006년

번역뿐 아니라 옮긴이 주와 관련하여 위 책들에서 도움을 받은 부분이 있지만 일일이 출처 표기를 하지 않은 것을 양해해주기 바란다.

『비극의 탄생』과『안티크리스트』외에도 앞으로 본인의 시간과 힘이 허락하는 한 니체의 저작들을 하나씩 상세한 옮긴이 주를 달아서 번역할 예정이다. 내후년까지『우상의 황혼』과『선악을 넘어서』를 번역해 출간할 계획을 세워두었다.

끝으로 출판계의 어려운 사정에도 불구하고 계속해서 좋은 고전을 출간해주는 아카넷 출판사에 깊은 감사를 드린다.

2013년 12월
박찬국

이 책은 극소수의 사람들만을 위한 책이지만, 이들 중 아무도 아직 이 세상에 태어나지 않았을지도 모른다. 그들은 나의 『차라투스트라는 이렇게 말했다』를 이해하는 사람들일 것이다.[2] 내가 어찌 오늘날 세상에서 이미 환영받고 이해되고 있는 저술가들과 나 자신을 **혼동할 수 있겠는가?** — 실로 내일 이후에 오는 날만이 나의 시대다. 어떤 사람들은 사후(死後)에 태어나는 것이다.

나를 이해하려는 사람들은 특별한 조건을 갖춰야 한다. 그런 조

---

1) 『안티크리스트』 서문은 원래 니체가 『우상의 황혼』 서문을 생각해서 쓴 한 단편에서 유래한다. 이 단편에는 '실스 마리아, 1888년 9월 3일'이라고 장소와 날짜가 표기되어 있으며 「모든 가치의 가치전환」이란 제목이 붙어 있다. 이 단편은 원래 3절로 이루어져 있었으나 처음 2절은 『우상의 황혼』 「독일인에게 결여되어 있는 것」에서 사용되었고, 마지막 제3절이 『안티크리스트』 서문의 토대가 되었다.

2) 니체는 『차라투스트라는 이렇게 말했다』에 '만인을 위한 책이면서도 그 어느 누구를 위한 것도 아닌 책'이라는 부제를 붙였다. 니체는 『차라투스트라는 이렇게 말했다』를 읽고 모든 사람이 변화되기를 기대하면서도 그럴 수 있는 사람은 하나도 없을지도 모른다고 생각한 것이다. 이와 마찬가지로 니체는 당대인 중에서 『안티크리스트』를 이해할 수 있는 사람은 한 명도 존재하지 않을지 모른다고 생각하고 있다.

건을 갖춘 사람이라면 나를 이해하지 **않을 수 없다**. 그러한 조건을 나는 너무나 정확하게 알고 있다. 나의 진지함과 나의 열정만이라도 견뎌내려면 정신적인 문제에 대해서 사람들은 냉혹할 정도로 정직해야만 한다. 산 위에 사는 일에 익숙해야 하고[3] 정치와 민족적 에고이즘의 가련한 시대적인 수다를 자신**의 발아래** 내려다보는 일에 익숙해야 한다.[4] 진리가 유용한 것인지 아니면 자신에게 재앙이 될 것인지에 대해서 무관심해야 하며 그런 의문을 품어서도 안 된다.[5] …… 오늘날 어느 누구도 감히 제기할 용기를 내지 못하는 문제들을 사랑하는 강함, **금단(禁斷)의 것**을 지향하는 용기, 미궁에 이르도록 처음부터 예정되어 있는 운명. 일곱 가지 고독에서[6] 얻는

---

3) 시대에 영합하지 말고 고독을 택하라는 의미. 이렇게 고독을 두려워하지 않는 사람만이 시대를 지배하는 거짓에 영합하지 않고 정직해질 수 있다.

4) 니체 당시의 독일은 비스마르크의 주도 아래 유럽 전역에 세력을 떨치고 있었으며 이와 함께 민족주의와 국수주의가 독일인들을 사로잡고 있었다.

5) 니체는 『이 사람을 보라』에서 진실과 정직성에 대해 이렇게 강조하고 있다.
"(…) 보다 중요한 것은 차라투스트라는 다른 어떤 사상가보다도 진실하다는 것이다. 그의 교설은 최고의 덕인 진실(Wahrhaftigkeit)을, 즉 현실에 부딪혀서 도망치는 이상주의자의 특성인 비겁(Feigkeit)과는 정반대의 것을 지니고 있다. 차라투스트라는 모든 사상가의 용기를 다 모아놓은 것보다도 더 많은 용기를 지니고 있다. 진리를 말하고, 곧잘 화살을 쏜다는 것, 그것이 페르시아인의 덕이다."

6) 일곱 가지 고독은 좀머(Andreas Urs Sommer)에 의하면, 유대교와 이슬람교에서 유래한 '일곱 번째 하늘'이라는 말과 연관되어 있다. 니체는 쾨젤리츠(Köselitz)에게 보내는 한 편지에서 자신이 쓴 디오니소스 찬가 중 「영광과 명예」라는 시에 대해 이렇게 말한다. "나는 그 시를 일곱 개의 하늘 저편에서 지었다." 아울러 니체의 디오니소스 찬가들에는 '일곱 번째 고독'이라는 말이 두 번 나타난다(KSA 6,

한 가지 경험. 새로운 음악을 들을 수 있는 새로운 귀. 가장 멀리까지 볼 수 있는 새로운 눈. 지금까지 침묵하고 있던 진리를 향하는 새로운 양심. **그리고** 위대한 양식의 경제(經濟)[7]를 지향하는 의지. 즉 자신의 힘과 자신의 **열정**을 모아서 간직하려는 의지. …… 자신에 대한 경외. 자신에 대한 사랑.[8] 그리고 자신에 대한 절대적 자

394쪽, 397쪽). 이 경우 일곱 번째 고독은 엑스터시를 수반하는 행복의 순간을 가리킨다. 하늘들은 자신들의 신을 박탈당한 채 공허하고 고독하게 존재하지만 고독 가운데서도 행복을 기약하며, 이러한 사실을 일곱 번째 하늘이라는 말이 시사하고 있다. 그러나 여기 『안티크리스트』에서 사용되고 있는 일곱 개의 고독이라는 말에는 엑스터시를 수반하는 행복 같은 것은 보이지 않는다. 좀머는 여기서 일곱 개의 고독은 『안티크리스트』의 진정한 독자들이 밟게 되는 가치전환의 단계를 가리킨다고 보았다. 신이 사라진 일곱 개의 하늘은 일곱 개의 고독으로 변화한다. 다른 사람들이 아직 플라톤적이고 기독교적인 기존의 가치에 사로잡혀 있는 상황에서 그러한 가치와 단호하게 결별하는 사람은 고독에 직면한다. 따라서 여기서 일곱 번째 고독은 그러한 고독 중 가장 깊은 고독에 해당한다. Andreas Urs Sommer, *Friedrich Nietzsches 『Der Antichrist』*, Basel 2000, 73쪽 이하 참조.

7) 위대한 양식의 경제는 그리스도교적 구원의 경제(die christliche Heilsökonomie)와 대립되는 것이다. 그리스도교적 구원의 경제는 사람들이 현세에서 신을 믿고 신의 계율에 따르는 대가로 내세에서 영원한 지복이라는 보상을 얻게 되는 메커니즘을 가리킨다. 이에 반해 위대한 양식의 경제는 자신의 힘과 열정을 신을 따르고 내세를 준비하는 데 사용하기보다는 어떠한 고난과 고통에도 불구하고 현실을 긍정할 정도로 자신의 힘을 강화하는 것을 가리킨다. Andreas Urs Sommers, 위의 책, 72쪽 참조.

8) 그리스도교가 사람들에게 스스로를 경멸하면서 자기를 버릴 것을 요구하는 것과는 달리, 니체는 사람들에게 자신에 대해 긍지를 품으면서 자기를 사랑할 것을 요구한다. 물론 그렇다고 해서 니체가 이기주의를 주장하는 것은 아니며, 오히려 니체는 사람들이 자신의 넘치는 힘을 주체하지 못해서 다른 사람들에게 준다는

유. ……

　좋다! 그러한 자들만이 나의 독자이며 나의 진정한 독자이고 숙명적으로 예정된 나의 독자이다.[9] **나머지**야 무슨 상관이랴? ─ 나머지는 그냥 인류일 뿐이다. ─ 우리는 인류를 넘어서야 한다, 힘과 **드높은** 영혼에 의해서 ─ 그리고 경멸에 의해서. ……

의식 없이 베풀 정도로 힘을 강화해야 한다고 말한다.

9) 니체는 진리가 단순히 사물을 예리하게 관찰하고 사유함으로써 파악되는 것이 아니라 '용기와 자신에 대한 긍지와 사랑 그리고 무제약적인 자유'와 같은 조건들을 구현함으로써 파악된다고 보고 있다. 따라서 니체는 그리스도교 신학자들이 진리를 파악하지 못하고 은폐한 것은 아둔해서가 아니라 자신이 위에서 제시한, 진리 파악을 위한 실존적 조건들을 구현하지 못했기 때문이라고 본다. 니체는 진리 파악은 단순히 우리의 지성에만 달린 것이 아니라 우리의 실존적 태도 전체에 달려 있다고 보는 것이다.

■ **차례**

1.

우리 서로의 얼굴을 바라보자. 우리는 히페르보레오스인(Hyper-boreer)이다.[1] — 우리는 우리가 이 세상과 얼마나 동떨어진 곳에 살고 있는지 너무나 잘 알고 있다. "육로로도 바닷길로도 그대는 히페르보레오스인이 살고 있는 땅에 이르는 길을 찾지 못할 것이다."[2] 핀다로스(Pindar)는 이미 우리의 그런 사정에 대해서 잘 알고 있었다. 북극과 얼음 그리고 죽음 너머에 — **우리의 삶, 우리의** 행복이 있다. …… 우리는 행복을 발견했고, 그것에 이르는 길을 알고 있으며, 우리가 지난 수천 년 동안 헤맸던 미로에서 벗어나는 출구를 발견했다. 우리 **이외에** 누가 그 길을 발견했겠는가? — 이를테면 저 현대인이 발견했다는 말인가? "나는 출구도 모르고 입구도 모른다. 나는 이렇게 출구도 입구도 모르는 채 서성이는 자일 뿐이다."[3] — 현대인은 이렇게 탄식한다. …… **이런** 현대성으로 인

---

1) 보레아스는 그리스신화에 나오는 북풍의 신이다. 히페르보레오스인은 보레아스가 사는 곳보다 훨씬 북쪽, 즉 북쪽 하늘 끝 상춘(常春)의 나라에 사는 사람들이다. 전설에 따르면 보레아스는 아테네의 왕 에렉테오스의 아름다운 딸 오레이티아를 유괴해 자신은 바람의 왕이 되고 그녀를 왕비로 삼았다고 한다. 오레이티아를 납치하는 보레아스를 소재로 한 루벤스의 유명한 그림이 있다.

2) Pindar, *Pyth*, X 29~30.

3) 서양의 중세시대에 삶의 의미와 방향을 제시해온 그리스도교를 더 이상 믿지 않게 됨으로써 현대인들은 삶의 의미와 방향을 알지 못한 채 방황하는 니힐리즘의 상태에 있다는 것을 의미한다.

해 우리는 병이 들었다. 미심쩍은 평화, 비겁한 타협, 현대적인 긍정과 부정의 그 모든 도덕적인 불결함으로 인해 병들어 있는 것이다.[4] 모든 것을 '이해하기' 때문에 모든 것을 '용서하는' 이러한 관용과 넓은 도량(largeur)은 우리에게는 [참을 수 없는] 뜨거운 열풍[5]과 같다. 그따위 현대적인 미덕과 그밖의 남풍들 가운데 사느니 차라리 얼음 속에서 사는 것이 더 낫다! …… 우리는 무척 용감했다. 우리는 우리 자신에게도 다른 사람들에게도 가혹했다. 그러나 우리는 우리의 용기를 **어디에** 써야 할지를 오랫동안 알지 못했다. 우리는 침울해졌으며 사람들은 우리를 숙명론자라고 불렀다. **우리의 운명** — 그것은 힘의 충만과 긴장 그리고 축적**이었다.** 우리는 번개와 행동을 갈망했고 약한 자들의 행복과 '체념'에서 가장 멀리 떨어져 있었다. …… 우리의 대기 속에서는 폭풍이 일고 있었고, 우리의 자연적인 본성은 어두워져만 갔다. — 왜냐하면 **우리에게는 길이 없었기** 때문이다. 우리의 행복의 공식은 하나의 긍정, 하나의 부정, 하나의 직선, 하나의 **목표**다. ……

---

4) 현대인들이 그리스도교를 실질적으로 믿지 않으면서도 단호하게 타기하지 못하고 어정쩡하게 그것과 타협하고 있는 현실을 가리킨다.
5) 아프리카에서 지중해로 부는 바람.

2.

선(Gut)이란 무엇인가? — 그것은 힘의 감정을, 힘에의 의지를,[6] 힘 자체를 고양시키는 모든 것이다.

악(Schlecht)이란[7] 무엇인가? — 약함에서 비롯되는 모든 것을 말한다.

행복이란 무엇인가? — 힘이 증가되고 있다는 느낌, 저항을 초극했다는 느낌을 말한다.

---

6) 니체는 인간을 비롯하여 살아 있는 모든 것은 단순한 생존을 넘어서 자신의 힘의 강화와 고양을 추구한다고 보았다. 이 점에서 니체는 살아 있는 모든 것의 근본적인 충동을 생존에의 충동으로 본 다윈을 비판하고 있다.

7) 니체는 약한 인간들이 신봉하는 노예도덕을 규정하는 선(gut)과 악(böse)이라는 대비 개념과 강한 인간들이 신봉하는 주인도덕을 규정하는 탁월함(gut)과 저열함(schlecht)이라는 대비 개념을 서로 비교하고 있다. 니체에 따르면 독일어에는 원래 악을 의미하는 말이 두 가지였다. 하나는 schlecht이며 상층계급이 하층계급의 특성을 가리키는 말로 사용되었고, 원래는 '평범한' '보통의'라는 의미였으나 나중에 '저속한'이라는 의미를 갖게 되었다. 다른 하나는 böse이며 이는 하층계급이 상층계급의 특성을 가리키는 말로 사용되었고, '위험한' '유해한' '이상한'이란 의미를 지녔다. 평범한 일반 민중은 예외적인 강한 개인을 보고 두려워했다. 마찬가지로 gut에도 schlecht와 böse 각각에 상응하는 두 가지 의미가 있다. 그것은 한편으로 상층계급이 자신의 특성을 가리키는 말로 사용하며 이 경우 '강한' '용감한' '호전적인' '신과 같은'(gut은 신을 의미하는 말인 Gott에서 생긴 말이다)이라는 의미를 갖는다. 다른 한편으로는 민중이 자신의 특성을 가리키는 말로 사용하며 이 경우 그것은 '무해한' '겸손한' '친절한'이라는 의미를 갖는다. 위와 같이 군주도덕이 탁월함(gut)과 저열함(schlecht)을 가치평가의 기준으로 보는 반면에 노예도덕은 선량함(gut)과 사악함(böse)을 가치평가의 기준으로 본다.

만족이 **아니라** 보다 많은 힘, 평화가 **아니라** 전쟁, 덕이 **아니라** 유능함(르네상스 스타일의 덕, virtù,[8] 도덕[Moral]으로부터 자유로운 덕).

약한 자들과 실패한 자들은 몰락해야 한다. 이것이 **우리의** 인간애가 내세우는 제일의 명제다. 또한 우리는 그들이 몰락하도록 도와주어야 한다.

예를 들어보자면, 카이사르나 나폴레옹 같은 인물들은 노예도덕과 주인도덕에 따라 각각 다르게 평가될 것이다. 니체가 노예도덕을 대표하는 것으로 보는 그리스도교적인 가치관에서 그들은 단적으로 악한(böse) 자다. 이는 노예도덕에서 선한 사람이란 모든 사람에게 친절하고 해를 끼치지 않는 사람이며 악한 사람이란 남에게 해를 끼치거나 괴롭히는 사람이기 때문이다. 따라서 노예도덕에 따를 경우, 가장 선한 사람으로서 칭송받는 사람은 사회의 가장 밑바닥에서 제대로 보수도 받지 못하고 남들을 위해서 일하는 노예나 노동자가 된다. 이런 노예도덕의 판점에서 볼 때 카이사르나 나폴레옹 같은 자들은 자신의 명예를 드높이기 위해서 전쟁을 일으키고 수많은 사람들을 살육했으며 전쟁물자를 조달하기 위하여 많은 인간들을 노예처럼 혹사한 자들에 지나지 않는다. 이는 민주주의와 사회주의의 판점이기도 하다. 마르크스주의적 입장에서도 카이사르와 같은 인간은 고대 로마의 노예제사회를 유지하려 했던 악한으로 간주될 것이다. 이런 의미에서 니체는 민주주의와 사회주의의 가치관은 모든 인간을 신 앞에서 동등한 존재로 보는 그리스도교적인 평등사상의 연장이라고 보았다.

그러나 카이사르나 나폴레옹 같은 사람들을 평가하는 전적으로 다른 가치관이 존재할 수 있다. 그것은 카이사르나 나폴레옹을 '위대한' 인간으로 보는 가치관이다. 이러한 가치관으로 보면, 카이사르와 나폴레옹은 남다른 지적 탁월함과 강인한 정신력 그리고 엄청난 포용력의 소유자로서 칭송받아야 한다. 이에 반해 이들을 따르던 부하들과 전쟁을 뒷받침한 노예들은 열등한 인간으로서 이들의 지배와 통제를 받아야 마땅하다. 아니, 이들은 카이사르나 나폴레옹을 따름으로써 자신이 그 전에 맛보지 못했던 힘과 생명의 고양을 경험하게 된다. 니체는 이와 같은 가치관을 주인도덕이라 부르는 것이다.

그 어떠한 악덕보다도 더 해로운 것은 무엇인가? ─ 불구자들과 실패한 자들에 대한 동정적인 행위 ─ 기독교.

3.

내가 여기서 제기하는 문제는 생물의 발전계열에서 인류를 대신하여 인류 다음에 나타날 것이 무엇인가가 아니다(인간은 마지막 단계다). 여기서 문제가 되는 것은 더욱 가치있고 더욱 살 만한 가치를 지니며 보다 더 미래를 보증할 수 있는 자로서 우리가 어떤 인

─────────

니체가 말하는 힘에의 의지란 위대해지고 싶은 욕망, 숭고해지고 싶은 욕망이다. 이러한 욕망을 인간의 본질적인 욕망으로 인정하면서 선함을 위대함과 탁월함과 동일시하는 도덕이 니체가 말하는 주인도덕이다. 이에 반해 그러한 욕망을 사악한 것으로 보면서 겸손과 약한 자들에 대한 연민을 강조하는 도덕이 노예도덕이다. 니체는 주인도덕만이 인간들이 탁월함을 향해서 진력하는 것을 가능하게 한다고 말하고 있다. 그러나 인류의 역사는 주인도덕 대신 노예도덕이 득세해가는 역사다. 그러한 역사는 자기 고양과 자기 강화를 지향하는 힘에의 의지라는 근본충동을 억압하는 범용함이 모든 고귀한 것을 압도해가는 역사라는 점에서 퇴폐의 역사다.

8) virtù는 탁월한 남성적인 미덕을 가리키는 이탈리아어다. 니체에 따르면 그리스도교가 내세우는 덕은 겸손과 동정인 반면에, 르네상스인들이 추구한 덕은 명예와 긍지 그리고 강인한 생명력이었다. 니체는 대표적인 르네상스인으로 체사레 보르자와 미켈란젤로를 들고 있다. 마키아벨리가 험난한 시대의 이상적인 군주로 보았던 체사레 보르자는 그리스도교의 도덕에 구애받지 않고 자신의 힘을 가차없이 추구했던 자이며, 미켈란젤로 역시 강인한 의지로 자신의 명예와 긍지를 극한에 이르기까지 추구했던 자다. 니체는 이들이 그리스도교적인 도덕규범에 의해 길들여지지 않고 힘에의 의지를 마음껏 구현했던 자들이라고 본다.

간형을 **육성해야만 하며 육성하려고 해야만 하는가**다.

이렇게 보다 높은 가치를 지닌 전형은 이미 충분할 만큼 자주 존재했었다. 그러나 **그러한 전형**은 하나의 요행으로서, 하나의 예외로서 존재했던 것이지 **사람들이 계획적으로 실현하려고 했던** 자로서 존재했던 것은 결코 아니다. 오히려 **그런 전형**은 기껏해야 가장 큰 두려움의 대상이었고 지금까지도 거의 **공포 그 자체**였다. — 이러한 공포감 때문에 정반대의 유형이 원해졌고 육성되었으며 **완성된** 것이다. 길들여진 동물, 무리동물, 병든 동물로서의 인간 — 그리스도교인이 바로 그것이다.

4.

인류는 오늘날 우리가 믿고 있는 것처럼 보다 낮거나 보다 강하거나 보다 높은 상태를 향해서 발전하는 것이 **아니다**. '진보'란 단지 하나의 근대적 관념, 곧 하나의 그릇된 관념에 지나지 않는다. 오늘날의 유럽인은 르네상스 시대의 유럽인에 비하면 가치가 훨씬 떨어진다. 역사의 전개가 반드시 인간의 고양과 상승 그리고 강화로 나타나는 것은 **아닌** 것이다.

인간의 향상과 발전 사례들이 끊임없이 지상의 도처에서 그리고 극히 다양한 문화권에서 출현하고 있지만, 그것은 근대적인 진보의 관념과는 다른 의미다. 그러한 사례들에서는 **보다 높은 전형**이 —

인류 전체에 비해 보면 일종의 초인과 같은 존재가 실제로 출현하고 있다. 그처럼 성공적인 위대한 사례들이 요행히 나타나는 것은 언제나 가능했고 앞으로도 항상 가능할 것이다. 그리고 어떠한 인종, 종족, 민족에서든 어떤 상황에서는 그러한 **요행**이 나타날 수 있다.

5.

우리는 그리스도교를 아름답게 치장해서는 안 된다. 그리스도교는 이렇게 **더 높은** 인간형에 대해서 필사적인 싸움을 벌여왔으며 이러한 인간 유형의 모든 근본 충동을 추방해버렸고, 이러한 충동들을 증류하여 악으로 만들어버렸으며 [그러한 충동을 갖는 자들을] 악인으로 만들어버렸다. — 강한 인간은 비난받아 마땅한 전형으로, '사악한 자'로 취급당하게 된 것이다. 그리스도교는 약하고 비천하고 실패한 자들을 편들어왔으며, 강한 삶의 자기 보존 본능과 **대립되는 것**을 자신의 이상으로 삼았다. 그리스도교는 사람들에게 정신성의 최고 가치들을 죄악으로, 곧 사람들을 미혹하고 **유혹하는 것**으로 느끼도록 가르침으로써 심지어는 가장 강한 정신력을 가진 사람들의 이성마저 타락시켰다. 가장 통탄할 만한 실례는 파스칼의 타락이다.[9] 파스칼은 자신의 이성이 원죄 때문에 타락했다

---

9) 니체는 처녀작인 『비극의 탄생』에서만 해도 소크라테스적인 주지주의와 그에 입각한 학문으로 인해 그리스비극 및 그것을 토대로 한 건강한 그리스문명이 몰락

고 믿었지만 사실은 그리스도교 때문에 타락하게 된 것에 지나지 않았다!

6.

내가 눈앞에서 보고 있는 것은 고통스럽고도 전율할 만한 하나의 연극이다. 나는 인간의 **타락**을 가리고 있던 장막을 걷어 치웠다. 내가 타락이라는 말을 사용할 경우 그 말에 인간에 대한 도덕적 고발이 담겨 있지 않은지 의심하지 않아도 된다. 이 사실을 나는 거듭 강조하고 싶거니와 — 그 말은 **도덕(Moral)과는**[10] **무관한 의미로** 사용되고 있는 것이다. 오히려 ㅣ는 사람들이 지금까지 가장 의식적으로 '덕'과 '신성'을 열망해왔던 바로 그곳에서 저 타락을 가장 강하게 느끼고 있을 정도다. 이미 짐작하고 있겠지만, 나는 타락을 데카당스의[11] 의미로 이해하고 있다. 내가 주장하고 싶은 것은 오늘날 인류의 가장 높은 소망을 포괄하고 있는 모든 가치

했다고 보면서 이성과 학문에 대해 비판적인 입장을 취했다. 그러나 말년에 쓴 『안티크리스트』에서 니체는 '이성'과 '학문'의 가치를 높이 평가하면서 그리스·로마 문명이 이룩한 박학한 문화와 학문적인 탐구방법이 그리스도교와 함께 몰락했음을 안타까워하고 있다. 주지하듯이 파스칼은 천재적인 수학자였지만 그리스도교 신앙으로 회심한 후 학문의 길을 포기했다.

10) 이 경우 도덕은 17쪽 각주 7번에서 언급한 노예도덕을 가리킨다고 볼 수 있다.

11) 니체에게 데카당스는 도덕적으로 타락한 상태가 아니라 생명력이 약화되고 지쳐 있는 상태를 가리킨다.

는 **데카당스 가치**라는 것이다.

　동물이든 종족이든 개체든 그것들이 자신의 본능을 상실하게 됨으로써 자신에게 해로운 것을 선택하고 그것을 **선호할** 때 나는 그것들이 타락했다고 본다. '고상한 감정'이라든가 '인류가 품어온 이상'이라든가 하는 것의 역사는 — 이러한 역사에 대해서 이야기해야 할 필요가 있을지도 모르겠지만 — 인간이 **왜** 그렇게 타락했는가에 대한 설명이 될지도 모른다. 나는 삶 자체가 성장과 존속을 향한 본능, 그리고 힘의 축적과 **힘**을 향한 본능이라고 본다. 즉 힘에 대한 의지가 결여된 곳에는 쇠퇴만이 존재하게 된다. 인류가 숭배해온 모든 최고 가치에는 이러한 의지가 **결여되어 있다**는 것, 쇠퇴의 가치와 **허무주의적** 가치가 가장 신성한 이름 아래 횡행하고 있다는 것, 바로 이것이 내가 주장하는 바이다.

7.

　사람들은 그리스도교를 **연민**(Mitleiden)의[12] 종교라고 부른다. —

---

12) 독일어 Mitleiden은 연민, 즉 함께 괴로워함을 의미한다. 니체는 이렇게 함께 괴로워하는 것이 쓸데없이 고통을 배가(倍加)할 뿐 아니라, 사람들로 하여금 스스로를 역경을 이겨낼 힘을 갖추지 못한 존재로 여기게 함으로써 무력하게 만든다고 보고 있다. 이와 관련하여 니체는 연민은 본질적으로 자기 연민이라고 말한다. 우리가 거지를 보면서 불쌍하게 생각하는 것은 자신도 거지가 될 수 있다고 생각하면서 그런 처지가 될 경우의 자신을 불쌍하게 보기 때문이다. 이에 반해서 자신

연민은 생명의 에너지를 고양시키는 강장제로서 작용하는 감정과는 대립되는 것이다. 그것은 의기소침하게 만든다. 연민에 사로잡힐 때 사람들은 힘을 상실한다. 괴로움 자체로 인해 이미 삶에서 일어난 힘의 손실은 연민 때문에 더욱 커지고 늘어나게 된다. 연민을 통해서 괴로움 자체가 전염성을 갖게 된다. 경우에 따라서는 연민을 일으켰던 것[타인의 괴로움]의 양에 비하면 터무니없을 정도로 생명과 생명의 에너지에서 총체적인 손실이 연민으로 인해서 야기될 수 있다(나사렛 사람의 죽음이 그런 경우다).[13] 이것이 첫 번째 관

은 전혀 거지가 될 가능성이 없고 어떤 어려운 상황도 의연하게 극복할 수 있다고 자신하는 사람은 다른 사람들에 대해서도 그다지 연민을 품지 않게 된다. 자신의 경험에 비추어 다른 사람들도 충분히 각자의 상황을 스스로 개척해나갈 힘이 있나고 보기 때문이다. 이 점에서 니체는 연민이란 본질적으로는 인간이 자신을 무력한 존재로 비하하기 때문에 생기는 현상이라고 보고 있다.

13) 이 구절은 두 가지로 해석될 수 있을 것 같다. 한편으로는 인류에 대한 연민 때문에 스스로 죽음을 택함으로써 나사렛 예수의 생명과 생명에너지가 박탈되었다는 사실을 가리키는 것으로 해석될 수 있다. 그러나 이러한 해석은 예수가 원죄의 고통으로 시달리는 인류를 불쌍하게 여겨 인류의 죄를 대신해 십자가에서 죽었다는 그리스도교의 교리를 받아들이고 있다는 점에서 문제가 있다. 이 구절은 다른 한편으로는 예수의 죽음에 대한 연민으로 인해 인류 전체의 생명과 생명에너지가 손상을 입었다는 의미로도 해석될 수 있다. 여기서는 후자로 해석해야 할 것 같다. 이러한 해석을 뒷받침해주는 구절은 『선악을 넘어서』, 「도덕의 박물학」 202절이다. 여기서 니체는 근대에는 연민이 아래로는 동물에서부터 위로는 신에까지 미치고 있다고 말한다.

그리스도교의 신은 십자가에 무력하게 못 박혀 죽은 신이고 이러한 신은 무력하고 약한 존재가 강건한 인간보다 신에 가까운 자라는 생각을 사람들에게 심어주었을 뿐 아니라 사람들로 하여금 신에 대한 연민을 품게 만들었다. 사람들은

점이다. 그러나 훨씬 더 중요한 관점이 있다. 만일 연민이라는 것을 그것이 보통 초래하는 반응들의 가치에 따라서 측정한다면, 삶을 위협하는 그것의 성격이 훨씬 더 뚜렷하게 나타난다. 전체적으로 볼 때 연민은 **도태**의 법칙인 진화의 법칙이 작용하는 것을 방해한다.[14] 그것은 몰락에 이른 것을 보존하고, 삶의 상속권을 박탈당하고 삶으로부터 단죄받은 자들을 위해 싸우며, 그것에 의해서 **살아남게 되는** 모든 종류의 실패자들을 통해서 삶 자체를 음산하면서도 의문스럽게 보이도록 만든다. 사람들은 연민을 감히 덕이라고 불렀다(—모든 고귀한 덕에서는 연민이 연약함으로서 간주됨에도 불구하고—). 거기서 더 나아가 사람들은 연민을 덕 **그 자체**로 만들었고 모든 덕의 토대이자 근원으로 만들었다. — 그러나 명심해야 할 것은 이러한 것이 허무주의적인 철학, **삶의 부정**이라는 문장(紋章)을 자신의 방패에 새긴 철학의 관점으로부터 행해졌다는 사실이다. 쇼펜하우어가 "삶은 연민에 의해서 부정되고, **보다 부정할 만**

신을 힘이 넘치는 존재로 생각할 때는 자기 자신도 그러한 신처럼 힘이 넘치는 강건한 존재가 되려고 하지만, 무력하게 십자가에 매달려서 죽은 신이라고 할 때는 모든 것을 무력하고 수동적으로 받아들이는 상태를 이상적인 상태로 여기게 된다. 바로 이 점에서 니체는 예수의 죽음에 대한 연민이 인류 전체의 생명과 생명에너지를 손상했다고 말하고 있는 것이다.

14) 여기서 니체는 다윈의 진화론을 받아들이고 있다. 다만 다윈이 살아 있는 모든 것이 자기 보존과 종족 보존을 지향한다고 본 반면, 니체는 그것들이 자기 고양과 강화를 지향한다고 보았다.

한 것이 된다"고 말했을 때 그는 정곡을 찌른 셈이다.[15] 연민은 니힐리즘의 **실천**인 것이다. 다시 한 번 말하자면, 그렇게 의기소침하고 전염적인 본능은 삶을 보존하고 삶의 가치를 드높이려고 하는 본능과 충돌한다. 그것은 비참함을 **두 배로 증대시키는 것**이며 비참한 모든 것을 **보존하는 것**으로서 데카당스를 증대시키는 주요한 도구 중 하나다. ─ 연민은 **무**를 의지하도록 설득한다! …… 그러나 사람들은 그것을 '무'라고 하지 않고 '피안'이라거나 '신' **'참된 삶'**, 또는 열반, 구원, 지복이라고 부른다. …… 이러한 순진무구

---

15) 쇼펜하우어는 인간 행위의 근본동기로서 자신의 행복만을 바라는 이기주의와 다른 사람들의 고통을 원하는 악의 그리고 다른 사람들의 행복을 원하는 연민을 들고 있다. 쇼펜하우어는 그중에서 연민이야말로 도덕의 기초가 된다고 본다. 주지하듯이 쇼펜하우어는 살아 있는 모든 것은 생의 본질인 맹목적인 자기 보존과 종족 보존에의 의지에 의해 내몰리면서 다른 것들과의 투쟁 상태 속에 존재한다고 보았다. 따라서 살아 있는 모든 것은 근본적으로 이기주의적인 성격을 가지며 더 나아가 악의에 차 있다. 이에 반해 어떤 것들에 대해 연민을 느낄 때 우리는 그것들의 고통을 함께 느끼면서 이기주의적인 자기 보존과 종족 보존에의 의지를 넘어서게 된다. 니체는 이러한 사실을 염두에 두면서, 쇼펜하우어가 연민을 통해 생의 본질인 자기 보존과 종족 보존에의 의지를 부정하고 있기 때문에 결국은 연민을 통해서 생을 부정하고 있다고 말한다. 그러나 쇼펜하우어는 연민을 의지 자체를 포기하는 것으로 보지는 않는다. 오히려 우리가 연민을 통해 각 개인의 의지로 개별화되어 있는 의지를 포기하면서 그러한 개별화된 의지들의 근저에 존재하는 우주적인 통일의지와 하나가 되는 것으로 본다. 쇼펜하우어의 이러한 관점에 대해 다시 니체는 그러한 우주적인 통일의지를 형이상학적인 허구로 보면서 그러한 우주적인 통일의지와 합일하려는 의지를 무를 향한 의지로 보고 있다. 그러한 의지는 모든 것이 서로 갈등하고 투쟁하는 현실 세계에서 도피하여 모든 것과 하나가 되었다는 환상으로 도피하려는 의지라는 것이다.

한 수사법은 종교적-도덕적 이상(異常)체질에서 비롯된 것이지만, 사람들이 여기서 어떤 성향이 숭고한 말의 외투를 두르고 있는지를 간파하자마자 **훨씬 덜 순진무구한** 것으로 드러난다. 그러한 성향이란 **삶에 적대적인** 성향이다. 쇼펜하우어는 삶에 적대적이었기 때문에, 그에게는 연민이 미덕이었다. …… 주지하다시피, 아리스토텔레스는 연민을 병적이고 위험한 상태로 보았으므로 정화제를 가지고 그것을 가끔 씻어내야 한다고 생각했다. 그는 비극을 하나의 정화제[16]로 이해했던 것이다. 쇼펜하우어의 경우에 보이는(그리고 유감스럽지만 상트페테르부르크로부터 파리에 이르는, 톨스토이로부터 바그너에 이르는 현대의 모든 문학적·예술적 데카당스에서도 보이는) 매우 병적이고 위험한 연민의 축적에 구멍을 내는 어떤 수단을 우리는 생명 본능으로부터 찾아내야만 할 것이다. 축적된 연민이 **터져버리도록** 말이다. …… 우리의 병든 현대성 가운데 그리스도교

---

16) 아리스토텔레스는 『시학』 449b에서, 비극이란 연민과 공포를 극도로 강화한 후 그것들을 격렬하게 방출하게 함으로써 그러한 감정으로부터 우리의 마음을 정화하는 것으로 보고 있다. 비극의 효과는 우리가 슬플 때 실컷 울고 나면 마음이 후련해지는 것과 유사하다는 것이다. 니체는 『우상의 황혼』, 「내가 옛 사람들에 덕입고 있는 것」 5절에서 비극의 효과를 아리스토텔레스와는 달리 파악하고 있다. 니체는 이렇게 말한다.

"공포와 연민에서 벗어나기 위해서가 **아니라** 그리고 공포와 연민을 격렬하게 방출함으로써 그 위험한 정념으로부터 정화되기 위해서가 **아니라** ─ 아리스토텔레스는 그렇게 해석했지만 ─ 공포와 연민을 초월하여 생성의 영원한 기쁨 **자체로 존재하기 위해서 ─ 파괴에 대한 기쁨**까지도 포함하는 기쁨으로 존재하기 위해서."

의 연민보다 병든 것은 없다. **여기서** 의사가 되어 가차(假借) 없이 메스를 휘두르는 것 — 그것이 바로 **우리가** 해야 할 일이고 **우리식의** 인류애다. 이와 함께 **우리는** 철학자가 되고 히페르보레오스인이 되는 것이다!

8.

우리가 **누구를** 적대자로 느끼는지를 말해둘 필요가 있다. — 그것은 신학자들과 신학자의 피를 가진 모든 것 — 즉 우리의 철학 전체다. …… [이것으로 인해 초래된] 숙명적인 불행을 가까이서 보고 더 나아가 그러한 불행을 직접 체험하며 그것 때문에 거의 몰락 지경에까지 가야만 했던 사람이라면 내가 지금 말한 것을 우스운 것으로 이해하지 않을 것이다. (내가 보기엔 우리네 자연주의자와 생리학자들의 자유사상은 **우스운 것**이다. 그들에겐 이러한 일에 대한 열정과 이것으로 인해 괴로워하는 고뇌가 결여되어 있다.)[17] 신학자의 해독은 사람들이 보통 생각하는 것보다 훨씬 멀리 미친다. 나는 오늘날 '이상주의자'라고 자처하는 사람들 모두에게서, 그리고

---

17) 자연주의자 및 생리학자들은 신이나 초감성적인 가치의 존재를 부정하지만 그러한 가치가 인류에게 얼마나 많은 해독을 끼쳐왔는지에 대해서 고민하지도 분노하지도 않는다. 그들은 또한 니체가 '신의 죽음'이라고 부르는 초감성적인 가치가 붕괴하면서 초래되는 의미상실과 의미 공백에 대해서도 고뇌하지 않는다. 이 점에서 니체는 자연주의자와 생리학자들이 열정을 결여하고 있다고 말하는 것이다.

인간의 기원을 보다 높은 곳에서 찾으면서[18] 현실에 대해 우월감을 느끼고 현실을 자신에게 낯선 것으로 볼 권리를 요구하는 자들에게서 오만이라는 신학자의 본능을 보았다. …… 사제와 마찬가지로 이상주의자(Idealist)[19]도 모든 위대한 개념을 자신들의 손아귀에 쥐고 있다. (— 단지 손아귀에 쥐고 있는 것만이 아니다!) 그는 '지성'이라든가, '감각' '명예' '건강한 삶' '학문'을 미소를 띤 경멸과 함께 무시하면서 그것들에 대해서 그러한 위대한 개념들을 내세운다. 그는 그것들[지성, 감각, 명예, 유복한 삶, 학문]을 자기 **아래에** 있는 것으로, 순수한 독립 상태에서 부유(浮游)하고 있는 '정신' 밑에 존재하는 해롭고 유혹적인 힘으로 본다. — 마치 겸허, 정결, 청빈, 즉 한 마디로 말해서 **성스러움**이 지금까지 삶에 그 어떤 공포나 악덕 이상으로 이루 말할 수 없는 해악을 끼쳐오지 않았던 것처럼. …… 순수정신이란 순전히 거짓말이다. …… **직업상** 삶을 부정하고 비방하며 삶에 해독을 끼치는 사제가 여전히 **보다 높은** 인간형으로 간주되는 한, 진리란 무엇**인가** 하는 물음에 대한 대답은 획득될 수 없다. 무와 부정을 의식적으로 변호하는 자가 '진리'의 대변자로 간주될 때 사람들은 이미 진리를 거꾸로 세워**버린** 것

---

18) 플라톤처럼 인간의 기원을 이데아의 세계에서 찾거나 그리스도교처럼 인간이 순수영혼이나 순수정신으로 존재하는 상태에서 찾는 것을 가리킨다.

19) Idealist는 보통 관념론자로 번역되지만, 여기서는 이상주의자로 번역한다. 이 경우 이상주의는 인간의 본질을 순수정신이나 순수영혼으로 보는 관점을 가리킨다.

이다. ……

9.

이러한 신학자 본능에 나는 전쟁을 선포한다. 나는 그것의 흔적을 도처에서 보았다. 몸속에 신학자의 피를 지닌 사람은 처음부터 모든 일에 대해 비뚤어져 있으며 정직하지 못하다. 그러한 태도에서 생기는 파토스는 **신앙**이라고 불리지만, 이러한 신앙이란 치유 불가능한 허위의 모습을 보고서도 괴로워하지 않기 위해 자신에 대해서 영원히 눈을 감아버리는 것을 말한다. 모든 것에 대한 이러한 그릇된 관점으로부터 사람들은 도덕과 덕 그리고 성스러움을 만들어내며, **그릇되게** 보는 것에서 양심의 **만족**을 느끼게 되는 것이다. — 사람들은 자신의 관점을 '신'이라든가 '구원' '영원'의 이름을 빌려 신성한 것으로 만든 후 **다른** 종류의 관점에는 어떠한 가치도 인정하지 말 것을 요구한다. 나는 도처에서 신학자 본능을 파헤쳐왔다. 그것은 지상에 존재하는 것 중에서 가장 만연되어 있는 가장 **지하적인** 형태의 허위다. 신학자가 참된 것으로 느끼는 것은 항상 허위임에 **틀림없다.** 이러한 사실이야말로 진리 판정의 한 시금석이 될 법하다. 어떻게 해서든 현실을 존중하지 못하게 하고 입에 담지도 못하게 하는 것은 바로 신학자의 가장 깊은 자기 보존 본능이다. 어디든 신학자의 영향이 미치는 곳에서는 **가치판단**이 전도

되어 있으며, '참'과 '거짓'이라는 개념이 필연적으로 거꾸로 되어 있다. 여기서는 삶에 가장 해로운 것이 '참된 것'이라 불리고 삶을 고양하고 강화하며 긍정하고 정당화하고 개가(凱歌)를 올리게 해주는 것이 '거짓된 것'이라 불리는 것이다. …… 신학자들이 군주(혹은 민중—)의 '양심'에 호소함으로써 **권력**을 잡으려 할 때마다 일어나는 것이 궁극적으로 **무엇**인지는 의심할 여지가 없다. 종말에의 의지, **허무주의적** 의지가 권력을 장악하려 하고 있는 것이다. ……

10.

철학이 신학자의 피 때문에 부패되었다고 내가 말할 경우 독일 사람이라면 바로 그 말을 납득할 것이다. 개신교 목사는 독일철학의 조부요, 개신교 자체가 독일철학의 원죄(peccatum originale)인 것이다. 개신교는 그리스도교의 — **그리고** 이성의 반신불수(半身不遂)[20]라고 정의될 수 있다. …… 독일철학이 근본적으로 **무엇인지** 알려면 '튀빙겐 신학부'[21]라는 말만으로 충분하다. — 그것[독일철학]은 일종의 **음험(陰險)한** 신학인 것이다. …… 슈바벤 사람들은 독

---

20) 칸트 이후의 독일철학에서는 이성적인 사유가 그리스도교적인 사고방식에 의해 구속되어 반신불수가 되지만, 그리스도교의 교설도 합리적으로 해석되기 때문에 그리스도교도 온전히 보존되지 못하고 반신불수가 된다는 의미.
21) 독일 슈바벤 지역에 있는 유명한 신학대학으로 셸링, 횔덜린, 헤겔이 다녔다. 나중에 헤겔의 사상을 신학에 적용한 튀빙겐 학파가 성립했다.

일에서 가장 능란한 거짓말쟁이들이다. 그들은 천진하게 거짓말을 한다. …… **칸트**가 출현했을 때 4분의 3이 목사와 교사의 자녀로 이루어진 독일학계는 왜 환호했는가? 칸트와 함께 **보다 나은 상태**로의 전환[22]이 시작되었다는 확신, 오늘날까지도 여전히 그 반향이 남아 있는 독일적인 확신은 어디서 비롯되는 것인가? 독일 학자에게 스며들어 있는 신학자 본능은 이후로 무엇이 또다시 가능하게 되었는지를 알아챘던 것이다. …… 옛 이상에 이르는 샛길이 열리게 되었으며, 다시금 '참된 세계'라는 개념과 세계의 **본질**로서의 도덕이란 개념이(세상에서 가장 사악한 두 가지 오류가) 영리하고 교활한 회의 덕분에 증명될 수는 없더라도 **논박될 수는 없는** 것이 되어버렸다.[23] …… 이성과 이성의 **권리**는 그렇게 멀리까지 미칠 수 없다는 것이다. …… 사람들은 실재하는 현실을 '가상'으로 만들어버

---

22) 칸트가 말하는 코페르니쿠스적 전환을 비꼰 말이다.

23) 칸트는 신·자유·영혼이라는 개념은 이론이성, 곧 과학적 이성을 통해서는 증명될 수 없지만 실천이성, 곧 도덕적인 이성을 통해서는 해명될 수 있다고 보았다. 즉 신·자유·영혼과 같은 개념은 도덕적 행위를 가능하게 하기 위해서 우리가 필연적으로 요청할 수밖에 없다는 것이다. 칸트는 과학적으로 증명될 수 있는 감각적인 세계를 현상계로 보면서 그러한 세계의 이면에 이른바 물자체로서의 예지계를 상정했다. 그리고 신·자유·영혼을 물자체의 영역에 속하는 것으로 보면서 그것들은 과학적 인식의 대상은 될 수 없지만 신앙의 대상이 될 수는 있다고 보았다. 이와 관련하여 칸트는 '신앙에 자리를 마련해주기 위해서 인식의 영역을 제한한다'고 말했다. 이 점에서 니체는 칸트에게서 신·자유·영혼이라는 초감성적인 세계는 이론적으로는 증명될 수 없을지라도 논박될 수 없는 것이 되어버렸다고 말하고 있는 것이다.

렸으며 완전히 **날조된** 세계를 실재로 만들어버렸다. …… 칸트의
성공은 단지 신학자의 성공에 지나지 않는다. 칸트는 루터나 라이
프니츠와 마찬가지로, 원래 강하지 못한 독일적인 정직성에 제동
을 거는 또 하나의 브레이크다.

11.

도덕가로서의 칸트에 대해서 한 마디 더 반박하려고 한다. 덕이
란 **우리들 각자가** 만들어낸 것이어야 한다.[24] 그리고 **우리 자신의**
가장 사적인 방어수단이며 필수품이어야 한다. 그 이외의 어떤 의
미에서도 덕은 단지 위험물에 불과하다. 우리 삶의 조건이 되지
않는 것은 우리의 삶에 **해롭다.** 칸트가 원했던 것처럼 단지 '덕'이
란 개념에 대한 존경심에서 비롯되는 덕은 해로운 것이다. '덕' '의
무' '선 자체', 보편타당하고 사심 없는 성격을 갖는 선은 환영에 불
과하며, 그것에서 표현되고 있는 것은 삶의 쇠퇴와 삶의 완전한
소진 그리고 쾨니히스베르크적인 중국주의다.[25] 생을 보존하고 성

---

24) 칸트는 우리의 내면에는 보편적인 도덕률이 선험적으로 존재한다고 보았다.

25) 쾨니히스베르크는 칸트가 죽을 때까지 머물렀던 도시이며, 중국주의란 무조건
적인 순종을 미덕으로 삼는 태도를 가리킨다. 권위에 순종적인 태도를 하필 중국
주의라 부르는 데서 알 수 있는 것처럼 니체도 중국을 비롯한 아시아인이 권위에
순종적이라고 보는 당시 유럽인의 편견을 공유하고 있다고 할 수 있다. 도덕률에
대한 무조건적인 복종을 요구한다는 의미에서 니체는 칸트의 철학적 태도를 쾨

장시키는 가장 심층적인 법칙들은 그 반대의 것을 요구한다. 즉 그것들은 우리 각자에게 **자기 나름의** 덕과 **자기 나름의** 정언적 명령을 만들어낼 것을 요구하는 것이다. 한 민족이 **자기 나름의** 의무를 의무 개념 일반과 혼동하게 되면 멸망하고 만다. 모든 '비개인적인' 의무, 추상이라는 몰로흐(Moloch) 신[26]에게 자신을 바치는 희생만큼 더 철저하고 더 내적인 파멸을 초래하는 것은 없다. — 칸트의 정언명령[27]은 **삶에 위험한 것**으로 인식되어야 했다! …… 신학자 본능만이 그것을 감싸고 들었다! — 삶의 본능에 의해 자극되어 행동할 경우 우리는 즐거움을 느낀다. 그리고 그러한 즐거움이야말로 그러한 행동이 **올바른** 행동이라는 사실을 입증하는 것이다. 그런데 내장 속까지 그리스도교가 스며들어간 모든 허무주의자는 즐거움을 **타기해야 할 대상**으로 생각하고 있다. …… 내적인 필연성도 없이, 개인의 절실한 선택에 의한 것도 아닌 채, **즐거움**도 없이 일하고 생각하고 느끼는 것보다, 곧 '의무'의 자동기계가 되는 것보다 더 빨리 [생을] 파괴하는 것이 있을까? 그것은 바

니히스베르크적인 중국주의라고 부르고 있다.

26) 몰로흐(Moloch)는 끔직한 희생을 요구하는 관습을 일컫는다. 본래는 산 아이를 제물로 요구했던 페니키아인의 신.

27) '네가 따르는 행위의 원칙이 보편적인 자연법칙이 되게 하라'는 것이 칸트의 정언명령이다. 예를 들어 자신의 이익을 위해서 거짓말을 하는 사람은 자신에게 이익이 될 경우에는 거짓말을 해도 된다는 것을 자신의 행위 원칙으로 삼고 있는 셈이다. 그러나 이러한 원칙이 보편화될 경우에는 정상적인 사회가 성립할 수 없기 때문에 그것은 우리가 따라야 할 도덕법칙이 될 수 없다.

로 데카당스에 빠지게 하고, 더 나아가 백치로 만드는 **처방**이다. …… 칸트는 백치가 된 것이다. — 더욱이 그런 인물이 **괴테**와 동시대인이었다니![28] 이 숙명적 불행의 거미[29]가 **독일의** 철학자로 간주되었던 것이다. 그리고 지금도 그렇게 간주되고 있는 실정이다! 나는 차마 독일 사람들에 대한 내 생각을 말하지 못하겠다. …… 칸트는 프랑스혁명을 국가가 비유기적 형태로부터 **유기적** 형태로 이행하는 것으로 보지 않았던가?[30] 그는, 인간의 도덕적 소질에서

---

28) 니체는 괴테를 자신이 주창하는 운명애를 구현한 인간으로 보고 있다.

"괴테. … 자연으로의 회귀를 통해, 르네상스 시대의 자연성으로의 회귀를 통해 18세기를 극복하려는 원대한 시도이자, 18세기의 시각으로 볼 때는 일종의 자기 극복. (…) 그는 자신을 삶으로부터 분리시키지 않고 그 안에 머물렀다. (…) 그는 모든 것을 갖춘 자가 되기 위해 자신을 단련시켰으며, 자기 자신을 창조해 냈다. 괴테가 마음속에 그린 것은 강하고 교양이 높은 인간이었다. 이 인간은 자신을 통제하고 존중하면서 자연의 모든 범위와 풍요로움을 과감하게 허용하는 인간, 이런 자유를 누릴 수 있을 만큼 충분히 강한 인간, 평균적인 인간에게는 파괴를 가져올 것을 자신에게 이롭게 이용하는 법을 알고 있기 때문에 약함이 아니라 강함에서 비롯되는 관용을 가진 인간, 약함—이것이 악덕이라고 불리든 미덕이라고 불리든—을 제외하고는 그 어떤 것도 금지되어 있지 않은 인간이다. (…) 이렇게 자유롭게 된 정신은 모든 것을 기뻐하고 신뢰하는 운명론을 간직한 채 우주의 중심에 서 있다. 분리되고 개별적인 것은 거부될 것이며, 모든 것은 전체성 속에서 구원받고 긍정된다는 믿음으로. (…) 그는 더 이상 부정하지 않는다. … 그러나 이런 믿음은 인간이 가질 수 있는 믿음 가운데 최고의 믿음이다. 나는 그 믿음에 디오니소스라는 이름을 주었다." 니체, 『우상의 황혼』, 「어느 반시대적 인간의 탐험」, 49절

29) 거미라는 비유에 대해서는 47쪽의 각주 37번을 참고할 것.

30) 여기서 니체는 칸트가 프랑스혁명을 긍정적으로 평가한 것을 비판하고 있다.

비롯된 것으로 밖에는 설명될 수 없기 때문에 '선을 추구하는 인간의 성향'이 존재한다는 것을 단번에 **증명하는** 하나의 사건이 있는지를 자문(自問)하지 않았던가? 칸트는 이렇게 대답했다. '이 사건은 바로 [프랑스] 혁명이다'[31]라고. 모든 점에서 오류를 범하고 있는 본능, 본능으로서의 반(反)자연, 철학으로서의 독일적 데카당스 — **그것이 바로 칸트다!**

12.

나는 철학사에서 볼 수 있는 분별 있는 유형의 몇몇 회의주의자는 제외한다. 그러나 이들을 제외한 나머지는 지적 성실성이 최우선적으로 요구하는 것이 무엇인지 모르는 사람들이다. 이 대단한 망상가와 괴상한 짐승들은 하나같이 어린 여자 같다. — 그들은

니체는 프랑스혁명 및 프랑스혁명의 정신을 계승하는 민주주의와 사회주의에 반대하는 엘리트주의적 입장을 취하면서, 프랑스혁명의 의의를 그것에 의해 나폴레옹 같은 인물이 출현했다는 데서 찾고 있을 뿐이다. 칸트가 프랑스혁명을 '선을 추구하는 인간의 도덕적인 성향'의 발현으로 보는 것에 반해, 니체는 프랑스혁명의 원인을 귀족들이 타락함으로써 하층민의 외경의 대상이 되지 못하고 경멸의 대상이 된 데서 찾고 있다. 이와 함께 니체는 민주주의적인 정신의 확산과 함께 망각되고 있는 귀족적인 덕을 회복하는 일에서 자신의 철학적 과제를 찾고 있다. 니체가 연민의 정신을 부정하는 것도 용기와 긍지를 높이 평가하는 귀족적인 덕에 배치되기 때문이다.

31) I. Kant, *Der Streit der Fakultäten*, in Werke, Akademie-Ausgabe VII, 85쪽 이하.

어떤 이야기를 듣고 '감동' 받았을 때 그것이 진리라는 사실이 이미 증명된 것으로 생각하며, '가슴이 고무될 때' 신성이 불어넣어진 것으로 간주하고 얼마나 강하게 확신하는지를 진리의 **기준**으로 여긴다. 마침내는 칸트마저도 '독일적인' 천진성과 함께 이러한 부패 형식, 이러한 지적 양심의 결여를 '실천이성'이라는 개념을 가지고 학문적으로 치장하려 했다. 결국 그는 사람들이 이성 따위에 마음을 쓸 필요가 없을 경우를 위해, 곧 도덕 또는 '너는 이렇게 행위해야 한다'는 숭고한 요구가 들려올 때를 위해 특별히 하나의 이성을 고안해냈다.[32] 거의 모든 민족에서 철학자가 사제적 유형의 발전된 형태에 불과하다는 사실을 고려한다면, 사제의 이러한 유산, 곧 **자기 자신에 대한 기만**도 더 이상 놀라울 것이 없다. 사람들이 신성한 사명, 예를 들어 인류를 개선하고 구원하며 구제하려는 사명을 가지고 있다면 — 그리고 신성을 가슴에 지니면서 피안의 명령을 전하는 대변자라면, 그는 그러한 사명과 함께 모든 단순한 지성적 가치평가의 바깥에 존재하게 된다. — 그러한 사명에 의해 그들은 신성시되고 이미 그것만으로도 보다 높은 질서에 속하는 유형의 인간으로 간주되는 것이다! …… 사제에게 **학문**이 도대체 무슨 상관이란 말인가! 학문에 비하면 그는 너무나 높은 곳에

---

32) 굳이 이성을 끌어들여 설명할 필요가 없는데도 실천이성이라는 이성을 고안하여 설명하고 있다는 의미. 칸트가 실천이성의 명령으로 내세우는 도덕률은 니체가 보기에는 사실은 그리스도교적인 도덕률의 연장에 불과하다.

존재하는 것이다! — 그리고 지금까지는 사세가 **지배해왔다.** —
그가 '참되다'든가 '그릇되다'는 개념을 **결정했던** 것이다!

13.

다음과 같은 사실을 우리는 절대로 과소평가해서는 안 된다. 우
리 **자신,** 우리 자유로운 정신이 이미 '모든 가치의 재평가를 수행
하는 자'이며 '진리'와 '비진리'에 관한 모든 낡은 개념에 대한 선전
포고와 승전 선포의 **육화**(肉化)라는 사실을. 가장 가치 있는 통찰은
가장 나중에 발견되는 법이다. 그러나 가장 가치 있는 통찰은 **방
법**에 담겨 있다. 오늘날 우리의 학문이 갖는 **모든** 방법, **모든** 전제
는 수천 년에 걸쳐 가장 심하게 경멸을 받아왔다. 학문에 종사하는
사람들은 [이른바] '착한' 사람들과 교제할 수 없었고 — '신의 적',
진리를 경멸하는 자, '귀신 들린 자'로 간주되었다. 학문적인 성향
을 가진 사람들은 찬달라[33]로 간주되었던 것이다. …… 인류의 모
든 파토스가 우리를 적대시해온 것이다. — 진리는 무엇**이어야 하
고,** 진리가 무엇에 봉사**해야 하는지**에 대한 인류의 개념 그리고
'그대는 어떻게 행위해야 한다'는 모든 도덕관념은 지금까지 우리
를 적으로 여겨왔다. …… 우리가 탐구하는 대상, 우리의 실험, 우

---

33) 인도의 불가촉천민으로서 카스트제도 내의 최하위계급이며, 노예계급인 수드
라에도 끼지 못하고 카스트제도 자체에서 배제되어 있는 계급이다.

리의 조용하고 신중하고 의심 많은 태도 ― 이 모든 것이 인류에게
는 전적으로 품위 없고 경멸할 만한 것으로 보였던 것이다. ― 그
처럼 오랫동안 인류를 눈멀게 했던 것이 하나의 심미적 취향은 아
니었는지를 인류는 마침내 자문해보아야 할 것이다. 인류는 진리
에게는 **그림처럼 아름다운** 효과를 요구했고, 이와 마찬가지로 인
식하는 자에게는 감각에 강렬하게 인상을 줄 것을 요구했던 것이
다. 가장 오랫동안 그들의 취향에 거슬렸던 것은 우리의 **겸손**이었
다. …… 아, 그들은 이러한 사실을 얼마나 잘 알아차리고 있었던
가, 신의 이 숫칠면조들은.[34]

14.

우리는 새롭게 알게 되었다. 우리는 모든 점에서 더 겸손해졌다.
우리는 인간의 유래를 더 이상 '정신'이나 '신성'에서 찾지 않는다.
우리는 인간을 동물 가운데로 되돌려놓았다. 인간은 가장 강한 동
물로 간주되는데, 이는 인간이 가장 교활한 동물이기 때문이다. 그
의 정신성이란 이것[동물적인 교활함]의 결과다. 다른 한편으로 우

---

34) 여기서 칠면조라는 말은 화려하고 오만한 모습을 보이지만 실은 날아갈 능력을
상실한 퇴락한 새를 가리키는 의미로 쓰였다고 할 수 있다. 신학자들은 자신들이
절대적인 진리를 알고 있다고 교만하게 자부하지만 실은 건강한 본능을 상실한
길들여진 인간에 불과하다는 점에서 니체는 신학자들을 칠면조에 비유한 것이다.

리는 이 경우에도 다시 목청을 높이려고 하는 허영심, 즉 인간이 마치 동물의 진화과정에 숨겨진 위대한 목적이었던 것처럼 생각하는 허영심에 저항한다. 인간은 결코 창조의 정점이 아니다. 모든 존재자는 인간과 나란히 존재하며 인간과 동일한 완전성을 갖는다. …… [그런데] 그렇게 주장할 때도 우리는 [사실은] 인간을 지나치게 높이 평가하는 것이다. 다른 동물과 비교할 때, 인간은 자신의 본능에서 가장 위험하게 이탈하여 길을 헤매는 가장 실패한 동물이며 가장 병적인 동물이다. 물론 그는 이 모든 것과 함께 **가장 흥미로운 동물**이다. 동물에 대해 말하자면, 데카르트는 존경스러울 정도로 대담하게 동물을 **기계**라고 생각했던 최초의 인물이었다.[35] 오늘날의 생리학 전체가 이 명제를 입증하는 데 전념하고 있다. 게다가 우리는 인간만은 기계와 다른 것으로 생각했던 데카르트와는 달리 인간도 기계와 다르지 않다고 본다. 이렇게 보는 것이야말로 논리적으로 올바른 것이다. 오늘날 인간은 기계적인 것으로 파악되는 한에서만 제대로 파악되고 있다고 할 수 있다. 이전에는 보다 높은 질서로부터 '자유의지'라는 것이 지참금으로서 인간에게 주어졌다. 오늘날 우리는 인간에게서 의지까지 빼앗아버렸다. 의지는 이제는 더 이상 하나의 [자발적인] 능력으로 이해되어서

---

35) 데카르트는 모든 존재자를 '사유하는 사물(res cogitasn)'과 '연장(延長)을 갖는 사물(res extensa)'로 구별하면서 인간의 신체뿐 아니라 동물도 연장을 갖는 사물에 속하는 것으로 보았다.

는 안 된다. '의지'라는 낡은 단어는 부분적으로는 서로 모순되고 부분적으로는 서로 조화되는 자극들에 필연적으로 따르는 결과, 일종의 개별적인 반응을 가리키는 데 쓰일 따름이다. 의지는 더 이상 '작용을 가하지' 못하며, 더 이상 '움직이게 하지' 못한다. …… 이전에 사람들은 인간의 의식 속에서, 곧 인간의 '정신' 속에서 인간이 보다 높은 기원과 신성을 가지고 있다는 증거를 찾았다. 사람들은, 자신을 **완전한 존재로 만들기** 위해서 자신의 감각을 거북이처럼 자기 안으로 끌어들이고 지상적인 것과의 어떠한 교섭도 끊으며 사멸할 수밖에 없는 껍데기에 불과한 자신의 육체에서 벗어나야 한다는 권고를 받았다. 그러면 인간의 가장 중요한 부분인 '순수정신'이 남으리라는 것이다. 이와 관련해서도 우리는 보다 더 나은 생각을 하게 되었다. 의식적이 된다는 것, 곧 '정신'은 우리에게 [정신을 지닌] 유기체가 상대적으로 불완전하다는 사실의 징후로밖에 보이지 않는다. 그것은 시행착오와 불필요하게 많은 양의 신경에너지를 낭비하는 노고로밖에 보이지 않는 것이다. 우리는 어떤 것이 아직 의식적으로 행해지는 한, 그것이 완전히 행해지고 있다고 볼 수 없다. '순수정신'이라는 것은 우매하기 짝이 없는 것이다. 신경조직과 감각을, 즉 '사멸할 수밖에 없는 껍데기인 육체'를 빼버린다면 **우리는 우리 자신에 대해 오산하고 있는 것이다.** 우리는 그것 이상의 아무것도 아니다! ……

15.

   그리스도교에서는 도덕과 종교가 어떤 점에서도 현실과 접촉하지 못하고 있다. 그것들에는 순전히 공상적인 **원인**('신' '영혼' '자아' '정신' '자유의지' — 혹은 '자유롭지 않은 의지'도 포함하여)과 순전히 공상적인 결과('죄' '구제' '은총' '벌' '죄 사함')밖에 존재하지 않는다. 공상적인 **존재들**('신', '정신', '영혼') 사이의 교제. 공상적인 **자연**과학(인간중심적이며, 자연적 원인이란 개념이 완전히 결여되어 있는), 공상적인 **심리학**('후회' '양심의 가책' '악마의 유혹' '신의 임재' 등과 같은 종교적이고 도덕적 특질을 가진 기호언어의 도움을 받아 쾌감과 불쾌감이라는 일반적인 감정, 이를테면 교감신경의 여러 상태를 스스로 오해하면서 해석하는 것일 뿐인), 공상적인 **목적론**('신의 나라' '최후의 심판' '영생'). 이렇게 순전히 **허구적인 세계**는 꿈의 세계와는 구별되는데, 이는 꿈의 세계는 그래도 현실을 **반영하는** 데 반해서 **허구적인 세계**는 현실을 왜곡하고 무가치한 것으로 만들며 부정하기 때문이다. 따라서 허구적인 세계는 꿈의 세계에 비해서 훨씬 불리한 것이다. '자연'이라는 개념이 '신'에 대한 대립개념으로 일단 고안된 후부터는 '자연적 것'이라는 말은 '비난할 만한 것'을 가리키는 말로 사용되어야만 했다. — 저 허구적인 세계는 자연적인 것(현실!)에 대한 **증오**에 뿌리를 두고 있으며, 그것은 현실적인 것에 대한 깊은 불만의 표현이다. …… **그러나 이것으로 모든 것이 설명된다.** 현실을 왜곡하면서 그것으로부터 도망하려고 하는 자는 누구겠는가? 현실로 인해 **고통받는** 자다. 현실로 인해 고통받는다는 것은 그 현실이 **좌절된** 현실이라는 것을 의미한다. …… 쾌감에 대한 불쾌감의 우세가 저 허구적인 도덕과 종교의 **원인**이다. 그러나 그와 같은 우세가 데카당스를 위한 **공식**을 제공하는 것이다.

16.

그리스도교의 신 개념을 비판적으로 검토할 때 우리는 동일한 결론에 도달할 수밖에 없다. 자기 자신을 믿는 민족만이 또한 자기 고유의 신도 가지고 있다. 신을 숭배하면서 그 민족은 자신들이 정상에 서는 것을 가능하게 한 조건들, 즉 자신들의 미덕을 숭배한다. 그 민족은 자신에 대한 기쁨과 자신이 힘을 가지고 있다는 느낌을 어떤 존재에 투사하며 그것에 감사를 드린다. 부유한 자는 베풀고자 한다. 자신에 대해서 긍지를 갖는 민족이 신을 필요로 하는 것은 **희생물을 바치기** 위해서다. …… 종교가 이러한 전제 아래 존재하는 한, 그것은 감사를 표하는 한 형식이다. 사람들은 자기 자신에 대해서 고마움을 느낀다. 자신에 감사하기 위해서 신을 필요로 한다. ― 그러한 신은 이로울 수도 있고 해로울 수도 있으며, 친구도 될 수 있고 적도 될 수 있어야 한다. ― 인간은 신이 선할 때뿐 아니라 악할 때에도 신을 찬양한다. 신을 **반자연적으로** 거세하여 모름지기 선하기만 한 신으로 만드는 것은 이러한 종교에서는 전혀 바람직한 일이 아니다. 선한 신 못지않게 악한 신이 필요한 것이다. 이는 우리가 생존하는 것이 반드시 관용과 호의 덕분만은 아니기 때문이다. …… 분노, 복수, 질투, 조소, 간계, 폭력을 알지 못하는 신이 무슨 소용이 있겠는가? 아마도 승리와 파괴의 황홀한 열정조차도 알지 못할 신이 무슨 소용이 있겠는가. 사람들은 그런 신은 이해하지 못할 것이다. 무엇 때문에 그러한 신을 필요로 해야 하는가? — 물론 어떤 민족이 몰락할 때, 미래에 대한 믿음과 자유에 대한 희망이 완전히 사라졌다고 느낄 때, 가장 이로운 것이 복종이고 복종하는 자들의 덕목이 자기 보존의 조건이 된다고 의식하게 될 때는 그 민족의 신도 변질될 **수밖에 없다**. 신은 이제 음험한 위선자가 되고 겁도 많아지고 겸손해지면서 '영혼의 평화'를 가르치고, 더 이상 증오하지 말고 관용을 베풀고 친구와 적까지도 '사랑'할 것을 권하는 것이다. 그 신은 끊임없이 도덕을 설교하며, 모든 사적인 덕목의 동굴 속으로 기어들어가 모든 사람을 위한 신이 되고 사인(私人)이 되며 사해동포주의자가 된다. …… 이전에는 신은 어떤 민족을 대표했으며, 그 민족의 강함과 그 민족의 혼에서 나오는 공격적인 모든 것과 힘에 대한 갈망을 나타냈다. 그런데 이제 신은 선량한 신에 불과하다. …… 실로 신들은 다음 두 가지 중 하나일 뿐이다. 즉 신들은 힘에의 의지이거나 **아니면** 힘에의 무기력이다. — 전자라면 신은 민족의 신이 되지만, 후자라면 신은 필연적으로 선량한 신이 된다.

17.

어떤 형태로든 힘에의 의지가 쇠퇴하는 곳에서는 항상 생리적인 퇴화, 곧 데카당스도 보인다. 모든 남성적인 충동과 미덕을 제거당한 데카당스의 신성은 이윽고 필연적으로 생리적으로 퇴화된 자들, 즉 약한 자들의 신이 된다. 이들은 자기 자신을 약한 자라고 부르지 않고 '선한 자'라고 부른다. …… 선한 신과 악한 신이라는 이분법적인 허구가 역사의 어느 순간에 비로소 출현하게 되었는지 이해하기 위해서는 더 이상의 암시가 필요하지 않을 것이다. 정복당한 민족은 자신의 신을 '선 자체'로 끌어내릴 때의 본능과 동일한 본능을 가지고 정복민족의 신에게서 선한 속성을 박탈해버린다. 정복당한 민족은 지배자들의 신을 **악마로 만듦**으로써 자신의 지배자들에게 복수한다. ― **선한** 신과 악마, 양자 모두가 데카당스의 산물인 것이다. 그리스도교 신학자들은, 신 개념이 민족의 신인 '이스라엘의 신'으로부터 모든 선의 총괄 개념인 그리스도교적 신으로 전개된 것을 **진보**라고 공언한다. 그러나 오늘날 누가 그들과 함께 그렇게 공언할 정도로 단순하겠는가? ― 그러나 르낭마저도 그러는 판이다.[36] 마치 르낭 자신은 단순해도 되는 권리라도 지닌 것처럼 말이다! 그러나 명백한 사실은 그리스도교 신학자들이 설하는 것과는 반대되는 것이 아닌가? **상승하는** 삶의 전제조건, 즉 강하고 용감하고 권세가 있으며 자신에 대해 긍지를 갖는다는 그 모든 속성이 신 개념으로부터 제거될 때, 신이 삶에 지친 자들을 위한 지팡이나 물에 빠진 모든 자들을 위한 구조대라는 상징으로 점점 몰락해갈 때, 특히 신이 가난한 자들의 신·죄인들의 신·병든 자들의 신이 될 때, 그리고 '구세주'라는 술어가 신에 대한 술어 일반으로 **남게** 될 때 그러한 변화, 곧 신적인 것의 그러한 **축소** 는 **무엇을** 말하는 것인가? — 물론 신 개념이 이렇게 변질됨으로써 '신의 왕국'은 확대되었다. 그 전에 신은 단지 자신의 민족, 자신의 '선택된' 민족만을 가졌다. 그동안에 신은 자신의 민족과 전적으로 똑같이 타향으로 나가 방랑했다. 그때 이래로 신은 어디에도 정주하지 못하게 되었으며, 마침내 그는 모든 곳을 자기 집으로 생각하는 위대한 사해동포주의자가 되어버렸다. — 마침내 그는 '대다수의 인간'을 그리고 지구의 절반을 자기편으로 얻었다. 그럼에도 '대다수'의 신, 민주주의자인 이 신은 긍지에 찬 이방인의 신이 되지는 못했다. 그 신은 유대인으로 남았고 구석지의 신, 온갖 어두운 구석과 어두운 장소의 신, 세계의 불건강한 지역 전체의 신으로 남았다! …… 그의 세계제국은 변함없이 하계(下界)의 제국, 병원, 지

---

36) 르낭은 『예수의 생애』라는 책의 저자로 유명하다. 르낭은 여호와 신이 유대민족 의 신이라는 성격을 넘어서 모든 인류의 신이라는 성격을 띠게 되는 것을 신 개 념에서의 진보라고 본다.

하 제국, 게토 제국이다. …… 그리고 그 자신은 너무도 창백하고 너무도 약하고 너무도 데카당하게 되었다. …… 그래서 창백한 자들 중에서 가장 창백한 자, 개념의 백색증 환자인 형이상학자들마저 신을 지배할 수 있게 되었다. 이들은 신 주위에 너무나 오랫동안 거미줄을 쳤기 때문에 신은 그들의 움직임으로 인해 최면에 걸렸고 신 자신도 마침내는 거미, 곧 형이상학자가 되어버렸다.[37] 이제 신은 — 스피노자의 상(像) 아래서(sub specie Spinoza)[38] — 자기 자신으로부터 세계를 짜냈다. 이제 그는 자신을 갈수록 더 희미하고 창백한 것으로 변형시켜 '이상'이 되었고, '순수정신'이 되었으며, '절대자'가 되었고, '물자체'가[39] 되었다. …… **신의 퇴락**, 곧 '물자체'가 되었다.

18.

그리스도교적 신 개념 — 병든 자들의 신, 거미로서의 신, 정신으

---

37) 프란시스 베이컨이 이미 독단적인 형이상학자들을 거미에 비유한 바 있다. 거미가 거미줄을 짜듯이 독단적인 형이상학자들은 경험에 근거하지 않은 공허한 개념으로 세계를 파악하는 틀을 짠다. 이에 반해 감각이 제공하는 정보를 종합하지는 않고 단순히 수집만 하는 사람들을 베이컨은 개미에 비유한다. 감각이 제공하는 정보를 종합하는 사람들이 가장 바람직한데, 그들을 베이컨은 꿀벌에 비유한다.
38) 스피노자의 유명한 말인 '영원의 상 아래서'를 비꼰 말이다.
39) 칸트 철학의 용어로 우리의 직관 형식인 시간과 공간 안으로 들어오지 않는 실재 자체를 가리킨다.

로서의 신―은 지상에 출현했던 가장 타락한 신 개념 중 하나다. 그것은 아마도 신들의 유형이 하강하는 과정에서 도달하게 된 가장 밑바닥일 것이다. 신은 생을 성스럽게 변용하고 영원히 **긍정하는 것**으로 존재하는 대신에 **생을 부정하는 것**으로 퇴화되고 말았다! 신의 이름으로 생과 자연 그리고 생에의 의지에 대한 선전포고가 행해지다니! 신은 '차안'에 대한 온갖 비방과 '피안'에 대한 온갖 거짓말을 위한 정식(定式)이 되고 말았다! 신을 통해서 무는 신격화되었고 무에의 의지는 신성한 것이 되었다! ……

19.

북유럽의 강한 종족들이[40] 그리스도교신을 거부하지 않았다는 사실은 그들의 취미를 논외로 하더라도 그들의 종교적 천분에 명예로운 일은 결코 아니다. 그들은 그처럼 병들고 노쇠한 데카당스의 산물과의 관계를 단절**해야만** 했다. 그러나 그들은 그렇게 하지 못했기 때문에 저주를 받고 있다. 그들은 병, 노쇠, 모순 등을 자신의 모든 본능 안으로 받아들였다. 그들은 그 이래로 어떠한 신도 **창조하지** 못했다. 그 후로 2,000년이 흘렀는데도 그 사이 단 하나의 신도 만들지 못한 것이다. 그뿐만이 아니다. 신을 만들어내는

---

40) 니체는 특히 게르만족을 염두에 두고 있다.

인간의 힘, 인간의 정신적 창조력의 궁극이자 최대의 것으로서 여전히 그리고 마치 당연한 것처럼 엄존하는 것은 그리스도교적 단조로운 일신론(Monoto-Theismus)의[41] 가련한 신인 것이다! 무(Null)와 개념과 모순으로 이루어진 이 타락한 이 퇴폐적인 잡종으로부터 온갖 데카당스 본능과 온갖 영혼의 비겁함과 피로가 재가(裁可)를 받고 있는 것이다!

20.

나는 그리스도교를 단죄하고 있지만, 그렇다고 그와 유사한 종교이면서도 신자수가 훨씬 많은 불교를 부당하게 취급하고 싶지는 않다.[42] 두 종교 모두 허무주의적이라는 점에서는 다를 바가 없다. 그것들은 데카당스적 종교지만, 양자는 현저하게 다르다. 오늘날 두 종교를 **비교할** 수 있다는 사실에 대해서, 그리스도교를 비판하는 자들은 인도의 학자들에게 깊이 감사해야 할 것이다. 불교는 그리스도교보다 수백 배 더 현실적이다. 불교는 문제를 냉정하고 객관적으로 제기하는 고래(古來)로부터의 유산을 체화(體化)하고 있

---

41) 니체는 여기서 유일신론(Monotheismus)을 단조롭게 오직 하나의 영원불변적인 신만을 인정한다는 점에서 단조로운 신론(Monotono-Theismus)이라고 풍자하고 있다. 『우상의 황혼』, 「철학에 있어서 '이성'」 1절을 참조할 것.
42) 여기서 이루어진 니체의 불교 해석은 헤르만 올덴베르크(Hermann Oldenberg)의 책 *Buddha: sein Leben, seine Lehre, seine Gemeinde*의 영향을 크게 받았다.

다. 불교는 수백 년간 지속된 하나의 철학적 운동 **후에** 나타난 것이며, 불교가 등장했을 때 신 개념은 이미 폐기되어 있었다. 불교는 지금까지 나타난 단 하나의 **실증주의적** 종교다. 이는 그것의 인식론(엄밀한 현상주의)에 대해서도 적용할 수 있다. 그것은 '죄에 대한 투쟁'을 설하지 않고, 오히려 현실을 철저하게 존중하면서 '괴로움에 대한 투쟁'을 설한다. 불교는 도덕 개념에 내포되어 있는 자기기만을 이미 넘어서고 있으며 이 점에서 그리스도교와 크게 구별되는 것이다. — 내 식으로 말하자면, 불교는 선악의 **저편에** 있는 것이다. — 불교가 자신의 기반으로 삼으면서 주시하는 **두 가지** 생리적 사실이 있다. **첫째**는 지나치게 민감한 감수성으로서 고통을 잘 느끼는 섬세한 능력으로 나타난다. **둘째**는 지나친 정신화(Übergeistigung), 다시 말해 개인적인 본능이 해를 입고 '비개인적인' 것이 우세해질 정도로 개념과 논리적 절차에 지나치게 오랫 동안 몰두하는 것이다(그 두 가지 상태에 대해서는 나의 독자 가운데 적어도 몇 사람, 곧 나처럼 '객관적인 사람들'은 경험해보아 알 것이다). 이러한 생리적인 조건들로 인해서 **우울증**이 발생한다. 이러한 증세에 대처하기 위해 부처는 위생학적인 조치를 취한다. 그는 광활한 대기 속에서의 생활과 유랑생활을 권한다. 식생활에서의 절제와 선택, 모든 주류(酒類)에 대한 경계, 이와 마찬가지로 분노를 일으키고 피를 끓게 하는 모든 격정에 대한 경계, 자신을 위해서도 타인을 위해서도 **번뇌하지** 않을 것을 권한다. 그는 평안하게 하거나 마음을 밝게 하는 상념을 요구한다. ― 그는 그 외의 상념으로부터 벗어나는 방법을 고안한다. 그는 선량함과 친절을 건강을 증진시키는 것으로서 이해한다. **기도**는 **금욕**과 마찬가지로 배제된다. 어떠한 정언적인 명령도[43] 어떠한 **강제**도 배제된다. 승원 안에서도 마찬가지다(사람들은 다시 환속할 수도 있다). 이러한 모든 강제는 저 지나친 민감성을 강화하는 수단이기 때문일 것이다. 바로 그 때문에 그는 또한 자신과 생각을 달리하는 자들과 투쟁할 것을 요구하지도 않는다. 그의 가르침이 **가장** 경계하는 것은 복수심, 반감, 원한이다('적의에 의해서는 적의가 종결되지 않는다'는 것이 바로 모든 불교의 감동적인 후렴구다⋯⋯.) 그리고 이것은 옳은 말이다. 왜냐하면 바로 이러한 정념이야말로 중요한 섭생 목적에 비추어볼 때 전적으로 **불건강한** 것이기 때문이다. 부처는 자신이 눈앞에서 보았던 정신적인 피로, 다시 말해서 지나친 '객관성'(곧 개인적인 관심의 약화, 중심의 상실, '자기중심주의[Egoismus]'의 상실)으로 나타나는 정신적인 피로와 싸우기 위해 가장 정신적인 관심사까지 엄격하게 각 **개인**에게 다시 환원하여 생각한다. 부처의 가르침에서는 자기중심주의가 하나의 의무가 된다. 인생의 유일한 문제,[44] 곧 '**그대**는 어떻게

---

43) 정언적인 명령이란 무조건적인 명령을 의미한다. 그에 비해 불교의 계율은 항상 조건적이다. 불교에서는 '너는 무조건적으로 술 마시고 간음해서는 안 된다'고 말하는 것이 아니라 '네가 행복하려면 술 마시고 간음해서는 안 된다'고 말한다.

44) 누가복음 10장 42절.

괴로움 벗어날 수 있는가'라는 문제가 정신상의 섭생 전체를 규제하며 제한하고 있는 것이다(순수한 '과학성'에 대해서 [부처와] 마찬가지로 싸웠던 저 아테네인, 자기 개인의 이기주의를 문제 영역에서조차 도덕으로 격상시킨 소크라테스를 여기서 떠올려도 좋을 것이다).

21.

불교의 전제조건은 매우 온화한 풍토와 매우 부드럽고 관대한 관습이지 전투주의(Militarismus)가 **아니며**, 이 운동의 진원지가 되었던 높은 계급층, 더 나아가 학문을 한 계급층이 존재한다는 것이다. 이들은 명랑·평정·무욕을 최고의 목표로서 지향할 뿐 아니라 이러한 목표를 **성취한다**. 불교는 그저 완전성을 동경하는 종교가 아니다. 완전한 것이란 여기서는 정상적인 경우인 것이다.

그리스도교에서는 정복당한 자들과 억압받는 자들의 본능이 전면에 나타나 있다. 그리스도교에서 구원을 얻으려는 자들은 최하층 계급이다. 이 종교에서는 권태를 **물리치는 일**이자 수단으로서 죄에 대한 결의론(決疑論, Casuistik),[45] 자기비판, 양심의 심문이 행해진다.

---

45) 결의론이란 도덕적인 문제들을 법률 조문처럼 규정한 도덕법에 의해 해결하는 것을 가리킨다. 중세 스콜라철학에서 많이 사용했던 논법인데, 이 경우 기초가 되었던 것은 기독교의 참회서다. 이것은 처음에는 부도덕한 외적 행위에 대한 벌을 규정하였지만, 나중에는 부도덕한 생각에 대한 벌도 규정하게 되었다. 일단 이러한 규정이 정해진 뒤에는 규정에 위반되지만 않으면 양심적인 것으로 간주

이 종교에서는 하느님이라 불리는 **권력자**를 향한 열정이 부단히 유지된다(기도를 통해서). 이 종교에서는 최고의 것은 도달 불가능한 것으로 간주되고 선물이나 은총으로 여겨진다. 이 종교에는 또한 공개적인 성격이 결여되어 있다. 은밀하고 어두운 공간은 그리스도교적인 것이다. 이 종교에서 육체는 경멸되며, 위생은 육체를 위하는 것이라 하여 거부당한다. 교회는 청결조차 거부한다(무어인[46]들을 추방한 후 그리스도교인들이 취한 최초의 조치는 코르도바[47]에만 270개에 달했던 공중목욕탕을 폐쇄하는 것이었다). 자신과 타인에 대한 어떤 잔혹함이야말로 그리스도교적인 것이다. 자기와 견해를 달리하는 자들에 대한 증오, 박해하려는 의지도 마찬가지다. 음산하면서도 선정(煽情)적인 생각들이 전면에 나와 있다. 가장 열렬히 추구되고 최고의 이름으로 칭송되는 상태는 간질병적인 상태다. 섭생법은 병적인 현상들을 조장하고 신경을 과도하게 자극하는 성격을 갖는다. 지상의 지배자들, '고귀한 자들'을 불구대천의 원수로 생각하는 적개심 — 그리고 동시에 그들에 대한 은밀한 경쟁심(그들은 고귀한 자들에 대해서는 '육체'만을 인정하면서 자신들은 오직 '영혼'만을 구하고

되면서, 오히려 크게 부도덕한 행위나 생각은 간과되는 폐단이 있다. 또한 그러한 규정을 지키는 것에 얽매여 정신의 발전에 지장(支障)이 초래된다. 즉 결의론은 인간의 자립적 활동을 구속하고 정신적 예종을 강요하는 수단이 된다. 『철학사전』, 임석진 외 편저, 중원문화 2009년 참조.

46) 8세기에 스페인을 침략했던 아랍인.

47) 스페인 남부의 도시로 옛날 무어인들이 통치하던 시대에는 스페인의 수도였다.

있을 뿐이라고 말한다), 그것이 그리스도교적인 것이다. **정신**, 긍지, 용기, 자유, 정신의 방종에 대한 증오가 그리스도교적인 것이다. **감각**에 대한 증오, 감각의 기쁨과 기쁨 일반에 대한 증오가 그리스도교적인 것이다.

22.

그리스도교가 그것의 최초 지반인 최하층계급, 즉 고대의 **밑바닥 세계**를 떠나 권력을 추구하면서 야만 민족들 사이로 나아갔을 때, 그것의 전제가 되었던 것은 더 이상 **피로한** 인간들이 아니라 내면적으로 야만화되고 자신을 갈기갈기 찢는 강하지만 실패한 인간들이었다. 자기 자신에 대한 불만이나 자기 자신으로 인한 괴로움이 여기서는 불교도의 경우처럼 고통에 대한 지나친 민감성과 고통에 대한 감수성 때문이 **아니라** 오히려 거꾸로 고통을 주려는 강력한 열망, 내적 긴장을 적대적 행위와 생각으로 방출하려는 강력한 열망 때문에 생긴다. 야만인들을 지배하기 위해 그리스도교는 **야만적인** 개념과 가치를 필요로 했다. 첫 자식을 제물로 바치는 것, 성찬식에서 피를 마시는 것, 정신과 문화에 대한 경멸, 육체적이거나 비육체적인 온갖 종류의 고문, 어마어마하게 화려한 예배가 그러한 것들이다. 불교는 **노년의** 인간들(späte Menschen), 선량하고 부드러우며 지나치게 정신화되어 고통에 극히 민감한 종족을 위한 종교다(아직 유럽은 불교를 받아들일 정도로 성숙하지 못했다). 불교는 그러한 종족을 평온하고 명랑한 상태로 인도하며, 정신적인 면에서는 섭생요법으로 육체적인 면에서는 일정한 단련으로 인도한다. 그리스도교는 **맹수들**을 지배하고 싶어한다. 그것이 사용하는 수단은 그들을 **병들게 하는** 것이다. ― 약화시키는 것이 **길들이기 위한**, 즉 '문명'을 위한 그리스도교적 처방이다. 불교는 피로하고 종말에 달한 문명을 위한 종교지만, 그리스도교는 아직 문명의 맹아도 보지 못했다. 사정에 따라서는 그리스도교는 문명의 기초가 될 것이다.

23.

다시 한 번 말하지만 불교는 [그리스도교보다] 백배나 더 냉정하고, 더 진실되고, 더 객관적이다. 불교는 굳이 자신의 괴로움과 고통을 느낄 수 있는 능력을 죄라고 해석함으로써 **고상한** 것으로 만들려고 하지 않는다. 그것은 단지 '나는 괴롭다'고, 자신이 느끼는 바를 말할 뿐이다. 이에 반해 야만인에게는 괴로움 자체는 고상한 것이 아니다. 그는 자신이 괴로움을 겪고 있다는 **사실**을 인정하기 위해 우선 해석을 필요로 한다(오히려 그의 본능은 괴로움을 겪고 있다는 사실을 부정하고 묵묵히 인내하라고 가르친다). 여기서는 '악마'라는 말이 하나의 축복이었다. 이제 사람들은 막강하고 가공할 적을 갖게 된 셈이기 때문이다. ― 사람들은 그러한 적에 의해 괴로움을 겪는다는 사실을 부끄러워할 필요가 없었다.

그리스도교의 바탕에는 동방적인 미묘함이 존재한다. 무엇보다도 그리스도교는 다음과 같은 사실을 알고 있다. 즉 어떤 것이 참인지 아닌지는 그 자체로는 전혀 중요하지 않으며 그것은 참이라고 믿어지는 **한에서만** 최고의 중요성을 획득한다는 사실을. 진리 그리고 어떤 것이 참이라는 신앙, 즉 두 가지의 전적으로 다른 관심 세계, 서로가 거의 **정반대인** 세계들 ― 이 두 세계는 근본적으로 다른 길을 통해 도달된다. 동방에서는 이러한 사실에 대해 아는 것을 통해서 거의 현자가 **된다**. 브라만들은 그렇게 이해하고 있으며 플라톤도 그렇고 비교(秘敎)적인 예지를 추구하는 모든 학도가 그렇게 이해하고 있다. 예를 들어, 만약 죄로부터 구원받았다고 믿는 데 행복이 있다면 이를 위해 필요한 전제는 자신이 죄 지은 자라는 것이 **아니라** 자기에게 죄가 있다고 **느끼는** 것이다. 그러나 무엇보다도 필요한 것이 그러한 **믿음**이라면, 이성·인식·탐구는 좋지 못한 것으로 취급되어야만 한다. 즉 진리로 향하는 길은 **금단의** 길이 된다. ― 강한 **희망**은 실제로 일어나는 어떠한 행복보다 삶에 훨씬 더 강력한 자극제가 된다. 고통받는 자들은 희망에 의해 고무되어야만 한다. 즉 어떠한 현실을 통해서도 반박될 수 없고 ― 실현됨으로써 **없어질 가능성**이 없는 희망에 의해, 즉 피안에 대한 희망에 의해 고무되어야만 한다. (불행한 자들을 이처럼 어정쩡하게 붙

잡아둘 수 있는 바로 이러한 힘 때문에 그리스인들은 희망을 악 중의 악, 참으로 **교활한** 악으로 간주했다. 그것은 악의 상자[48] 속에 계속 남아 있었다.) — **사랑**이 가능하려면, 신은 인격적인 존재이어야만 한다. 가장 밑바닥의 본능[49]들이 끼어들 수 있으려면 신은 젊어야 한다. 여성들의 열정을 만족시키기 위해서는 잘생긴 성자를, 남성들의 열성을 만족시키기 위해서는 마리아 같은 존재를 전면에 내세워야만 한다. 이것은 아도니스 혹은 아프로디테[50]를 중교적으로 숭배하는 곳을 그리스도교가 지배하려 할 때 취하게 되는 조치다. **정결**의 요구는[51] 종교적 본능의 격렬함과 내면성을 강화한다. — 이것은 숭배를 더욱 뜨겁고 하고, 더욱 열광적으로 만들며, 더욱 영적으로 만든다. — 사랑에 빠지면 인간은 사물들을 실제와 가장 **어긋나게** 보게 된다. 환상을 만들어내는 힘은 감미롭게 하고 **성스럽게 변용시키는** 힘과 마찬가지로 사랑을 통해 정점에 달한다. 사람들은 그 어느 때보다 사랑에 빠져 있을 때 더욱 잘 견디며 만사를 달게 받아들인다. 따라서 [신이] 사랑받을 수 있는 종교를 고안해내는 것이 중요했다. 이와 함께 사람들은 삶에서 일어나는 최악의 것도 넘어선다. — 최악의 것은 심지어 보이지도 않게 된다. — 그리스도교

---

48) 판도라의 상자를 가리킨다.
49) 성적인 본능.
50) 아프로디테는 사랑과 미의 여신이며 로마신화의 비너스에 해당한다. 아도니스는 아프로디테의 총애를 받았던 미소년이다.
51) 특히 성적인 정결과 순결을 염두에 두고 있다.

의 세 가지 덕목인 신앙, 희망, 사랑에 대해서는 이쯤 해두자. 나는
그것들을 그리스도교의 세 가지 **영리함**이라고 부를 것이다. — 불
교는 이런 식으로 영리하기에는 너무나 나이가 들었고 너무나 실
증주의적이다.

24.

나는 여기서는 그리스도교의 **기원**에 관한 문제만을 다룰 것이
다. 문제 해결을 위한 **첫 번째** 명제는 다음과 같다. 그리스도교는
그것이 자라난 모태(母胎)로부터만 이해될 수 있다는 것이다. — 그
리스도교는 유대적인 본능에 대한 대항운동이 **아니고** 실은 그 본
능의 논리적 귀결이요 그 가공할 논리에서 한걸음 더 나아간 결론
이다. '구원은 유대인으로부터 온다'[52]는 구세주에 대한 공식이 있
다. — **두 번째** 명제는 그리스도교에서는 갈릴리인[53]의 심리적 유
형[54]이 아직 인식될 수는 있지만, 이 유형은 전적으로 퇴락한(동시
에 이방적인 특성들에 의해서 왜곡되기도 하고 더 많은 부담을 지게 된)
형태로만 그것이 사용되고 있는 목적, 즉 인류의 **구세주**라는 유형

---

52) 요한복음 4장 22절 참조.
53) 예수는 갈릴리 지방 출신이다.
54) 여기서 니체가 갈릴리인의 심리적 유형이라고 부르고 있는 것은 이 책 29장에
   서 분석하고 있는 예수의 심리적 유형을 가리킨다.

으로 존재한다는 목적에 이바지할 수 있다는 것이다.

유대인은 세계사에서 가장 유별난 민족이다. 왜냐하면 존재할 것인가 존재하지 않을 것인가라는 문제에 부딪혔을 때 그들은 그 지없이 섬뜩한 확신을 가지고 **어떤 대가를 치르든** 존재하는 쪽을 택했기 때문이다. 그들이 치른 대가는 모든 자연, 모든 자연성, 모든 현실성, 외부 세계와 내부 세계의 철저한 **왜곡**이었다. 그들은 이전에는 어떤 민족을 살 수 있도록 해주었고 또한 살 수 있도록 **허용해주었던** 모든 조건에 **대해** 거리를 두었다. 그들은 자신을 **자연적인** 조건들에 대한 반대 개념으로 만들었다. ― 그들은 치유가 불가능한 방식으로 종교, 종교적 숭배, 도덕, 역사, 심리학을 차 례차례 **그것들의 자연적 가치와는 모순되는 것**으로 전도시켜버렸 다. 우리는 동일한 현상을, 복제에 불과하지만 그지없이 엄청난 비율로 확대된 상태로 만나게 된다. ― 그리스도교 교회는 '성자들의 민족[유대민족]'과 비교해 볼 때 독창성을 요구할 권리가 전혀 없다. 바로 그 때문에[그리스도교 교회는 유대인들의 복제에 불과하기 때문에] 유대인은 세계사에서 **가장 큰 재앙을 초래한** 민족이다. 유대인들 이 후대에 끼친 영향의 결과 오늘날 그리스도교인들은 자신이 **유 대인들의 궁극적 귀결**이라는 사실을 인식하지 못하고 반유대적인 감정까지 느낄 정도로, 인류는 유대인들에 의해서 기만당했다.

나는 내 책 『도덕의 계보학』에서[55] **고귀한** 도덕과 원한의 도덕이 라는 상반된 개념을 심리학적으로 처음 소개했다. 후자는 전자에 대한 **부정으로부터** 발생한 것인 바, 그 후자는 전적으로 유대-그리스도교적인 도덕이다. 삶의 **상승** 운동 · 성공 · 힘 · 아름다움 · 자기긍정을 표현하는 지상의 모든 것을 부정할 수 있기 위해서 천재적이 된 원한의 본능은 **또다른** 하나의 세계, 즉 **삶에 대한 긍정** 이 그 자체로 악하고 배격되어야 하는 것으로 나타나는 세계를 고안해야만 했다. 심리학적으로 고찰해볼 때, 유대민족은 [생존이] 불가능한 상황에 처해서도 최고도의 교활함으로 자기 보존을 꾀하면서 자발적으로 모든 데카당스적 본능을 편들었던, 가장 질긴 생명력을 지닌 민족이다. — 그러한 본능에 의해 지배당해서라기**보다는** '세계'**에 맞서** 이겨낼 수 있는 힘이 그러한 본능에 내재돼 있다는 것을 간파했기 때문이다. 유대인은 데카당과는 정반대다. 그러나 그들은 사람들의 착각을 일으킬 만큼 자신을 데카당으로 **표현하지** 않을 수 없었다. 그들은 더할 나위 없는(non plus ultra) 배우적 천재성을 발휘하여 온갖 데카당스 운동의 정점에 섰고(**바울**의 그리스도교로서), 그 결과 **삶에 긍정적인** 그 어느 집단보다 더 강한 존재가 될 수 있었다. 유대교와 그리스도교에서 힘을 갈구하는 유형의 인간, 즉 **사제적** 유형의 인간에게는 데카당스란 **수단**에 불과하다. 이러한 유형의 인간이 삶에 관심을 기울인다면, 그 관심은 인류를 **병들게** 하고 '선'과 '악'의 개념과 '참'과 '거짓'의 개념을 전도시켜 삶

---

55) 『도덕의 계보학』의 첫 번째 논문.

을 위태롭게 하고 세상을 비방하는 데 있다.

25.[56]

이스라엘 민족의 역사는 자연적 가치들에서 **자연성을 박탈해가는** 전형적인 역사로서 무한한 가치가 있다. 나는 이 역사의 다섯 가지 사실을 지적해볼 것이다. 이스라엘도 본래는 특히 왕조시대에는 만사와 **올바른** 관계를, 다시 말해 자연적인 관계를 맺고 있었다. 그들의 야훼는 [그들 자신이 갖는] 힘 의식의 표현이었고 그들 자신에 대한 기쁨, 그들 자신에 대한 희망의 표현이었다. 야훼를 통해 그들은 승리를 거두고 구원을 얻을 것을 기대했으며 야훼에 의지하면서 그들은 또한 자연이 그들 민족이 필요로 하는 것을─무엇보다도 비를─내려주리라고 믿었다. 야훼는 이스라엘 민족의 신이며 **그러한 이유로** 정의의 신이다. 이러한 논리는, 힘을 가졌고 그렇게 힘을 가졌다는 데 아무런 양심의 거리낌도 없는 모든 민족이 지닌 논리다. 한 민족이 갖는 자기 긍정의 이러한 두 가지 측면은 축제 의식을 통해서 표현된다. 그들은 자기 민족을 정상에 서

---

56) 25번과 26번에서 이루어지는 이스라엘의 역사에 대한 니체의 서술이 출전으로 삼고 있는 것은, Julius Wellhausen, *Prolegomena zur Geschichte Israels*, Berlin 1883(2판)과 *Skizzen und Vorarbeiten*, Erster Heft다. 니체가 소장하고 있던 이 책에는 많은 밑줄과 메모가 보인다.

게 한 위대한 운명에 감사를 올리고, 사계절의 순환에 감사를 올리며, 목축과 농경을 통해 얻은 모든 복에 대해 감사를 올린다. — 이러한 상태는 내부적으로는 무정부 상태, 외부적으로는 아시리아의 침략에 의해 비참하게 끝장이 난 후에도 오랫동안 [이스라엘 민족의] 이상으로 남아 있었다. 이 민족은 그들의 가장 큰 소망으로서 훌륭한 군인이기도 하고 정의로운 심판자이기도 한 왕에 대한 비전(Vision)을 견지하고 있었다. 무엇보다도 전형적인 예언자(즉 그 시대에 대한 비평가이며 풍자가)인 이사야가 그랬듯이 말이다. — 그러나 아무런 희망도 성취되지 않았으며, 과거의 신은 이제 그가 예전에 할 수 있었던 일을 아무것도 **할 수** 없게 되었다. 사람들은 [차라리] 그 신을 버리는 편이 나았을 것이다. 그러나 실제는 무슨 일이 일어났는가? 사람들은 신의 개념을 **바꾸어버렸다.** — 사람들은 그것에서 **자연성을 박탈해버렸다.** 이러한 대가를 치르면서도 사람들은 야훼에 집착했던 것이다. '정의'의 신인 야훼 — 그는 **이제 더 이상** 이스라엘 민족과 하나가 **아니었고** 민족적인 자부심의 표현이 아니었으며 일정한 조건에 구속된 신에 불과하게 되었다. …… 신이란 개념은 이제 사제 선동가들의 손아귀에 놓인 하나의 도구가 되어버렸다. 이 선동가들은 이제 모든 행복을 일종의 보상으로 해석하고 모든 불행은 신을 불복종한 데 따른 벌, 즉 '죄'에 대한 벌로 해석한다. 이것이 바로 '원인'과 '결과'라는 자연 개념을 완전히 뒤집어 이른바 '도덕적 세계질서'를 내세우는 가장 기만적인 해석 방식이다. 보상과 벌이라는 것에 의해서 자연스런 인과관계를 세상에서 추방해버리고나면 이제 **반자연적인** 인과관계가 필요하게 되며 이윽고 여타의 모든 비자연성이 그 뒤를 따르게 되는 것이다. 도움을 주고 방책을 강구해주는 신, 근본적으로 용기와 자신감을 불어넣어주는 모든 행복한 영감의 대명사인 신 대신에 ─ **요구하는** 신이 등장한다. …… **도덕**도 이제는 더 이상 한 민족의 생존과 성장 조건을 표현하는 것이나 한 민족의 가장 깊은 삶의 본능이 아니며, 추상적인 것 그리고 삶에 대한 대립물이 되고 말았다. ─ 상상력을 근본적으로 악화시키는 것으로서의 도덕, 만사에 대한 '사악한 시선'으로서의 도덕이 되고 만 것이다. 유대적인 도덕, 그리스도교적인 도덕의 정체는 **무엇인가**? 우연에서 무구함을 제거해버리는 것, 불운을 '죄' 개념으로 더럽히는 것, 잘 사는 것을 위험한 것 또는 유혹으로 보는 것, 생리적으로 불편할 뿐인 상태를 양심이라는 벌레의 독으로 중독시키는 것이다.[57] ……

---

57) 니체는 여기서 다섯 가지 사실을 지적한다고 말하고 있지만 어떻게 해서 다섯 가지가 되는지는 분명하지 않다. 옮긴이 나름대로 분석해보았다.

1. 왕조시대에 야훼는 그들 자신이 갖는 힘 의식의 표현이었고 그들 자신에 대한 기쁨, 그들 자신에 대한 희망의 표현이었다. 야훼는 이스라엘 민족의 신이며 그러한 이유로 정의의 신이라고 믿었다.

2. 이러한 상태는 이스라엘 민족이 몰락한 이후에도 오랫동안 이상으로 남아 있었고 이 민족은 이사야에서 드러나듯이 신을 훌륭한 군인이자 정의로운 심판자이기도 한 왕으로 생각했다.

3. 그러나 아무런 희망도 성취되지 않았으며, 과거의 신은 이제 그가 예전에 할

26.

신 개념은 왜곡되어버렸다. 도덕 개념도 왜곡되었다. — 유대의
사제들은 여기서 그치지 않았다. 이스라엘의 **역사** 전체를 고찰하
는 것은 그들에게는 아무런 의미도 없었다. 그런 것은 버려도 좋다
고 그들은 생각했다! — 이 사제들은 놀랄 정도의 위조 사업을 완
수해냈으며 그러한 위조에 대한 증거가 바로 성서의 상당 부분으로
우리 눈앞에 남아 있다. 그들은 일체의 전승과 일체의 역사적 현
실에 대해 유례를 찾아볼 수 없는 경멸감을 품으면서 자기네 민족
의 과거를 **종교적인 것으로 번역해버렸다.** 다시 말해 그들은 그것
을 야훼에 대한 죄와 이에 대한 벌, 야훼에 대한 경건함과 이에 대
한 보상이라는 어리석은 구원의 메커니즘(Heils-Mechanismus)으로

수 있었던 일을 이제는 아무것도 할 수 없게 되었다.
 4. 이때 사람들은 차라리 그 신을 버려야 했지만 사람들은 야훼라는 신에 집착하
    면서 그것에서 자연성을 박탈해버렸다. 야훼는 이제 더 이상 이스라엘 민족과
    하나가 아니었고 민족적인 자부심의 표현이 아니었으며 일정한 조건에 구속
    된 한 신에 불과하게 되었다. 이제 모든 행복은 사람들이 신이 내린 도덕적 계
    율을 따른 데 대한 일종의 보상으로 해석되며 모든 불행은 신의 도덕적 계율
    을 불복종한 데 따른 벌, 즉 '죄'에 대한 벌로 해석된다. 신은 더 이상 도움을
    주고 방책을 강구해주며, 용기와 자신감을 불어넣어주는 모든 행복한 영감의
    대명사가 아니라 도덕적으로 살 것을 요구하는 자가 된다.
 5. 도덕도 이제는 더 이상 한 민족의 생존과 성장 조건의 표현이 아니라 모든 인
    류를 구속하는 추상적인 것, 사람들의 행위를 심판하고 구속하는 것이 되어버
    렸다.

만들어버렸다. 만일 수천 년에 걸친 **교회의** 역사 해석이 역사에 성실하라는 요구에 대해 우리를 거의 무감각하게 만들어놓지 않았다면 우리는 더할 나위 없이 수치스러운 이러한 역사 왜곡 행위를 훨씬 더 **뼈아프게** 느꼈을 것이다. 그뿐 아니다. 철학자들도 교회를 거들었다. '도덕적 세계질서'라는 **거짓말**이 근대철학의 전체 발전 과정을 관통하고 있는 것이다. 도대체 '도덕적 세계질서'란 무엇을 의미하는가? 인간으로서 해야 할 것과 해서는 안 되는 것을 결정하는 신의 의지가 단연코 존재한다는 것, 한 민족 및 한 개인의 가치는 신의 뜻에 얼마만큼 많이 또는 얼마만큼 적게 따르냐에 의해서 측정된다는 것, **지배하는 자로서의 신**, 즉 복종의 정도에 따라 보상하거나 벌하는 자로서의 신의 뜻은 한 민족이나 한 개인의 운명을 통해서 증명된다는 것이다. ― 이처럼 가련한 거짓말에 의해서 가려진 **실상**은 다음과 같다. 모든 건강한 형태의 삶을 희생함으로써만 번영하는, 기생충 같은 인간인 **사제**가 신의 이름을 남용하고 있다는 것이다. 사제는 자신들이 만사의 가치를 정하는 상태를 '신의 나라'라고 부른다. 또 그런 상태를 달성하게 할 수 있고 유지할 수 있는 수단을 '신의 뜻'이라고 부른다. 또 냉혈한 냉소주의적 태도로 민족이든 시대든 개인이든 사제의 지배에 도움이 되었는지 아니면 저항했는지에 따라서 그것을 평가한다. 그들이 하는 짓을 보라. 유대 사제들의 손아귀에서 이스라엘 역사의 **위대한** 시대는 일종의 쇠퇴기로 뒤바뀌었고 오랜 불행의 시대였던 바빌론 유폐 시대는 저 위대한 시대—그러니까 사제가 아직 아무것도 아닌 존재였던 시대—에 대한 영원한 **벌**로 뒤바뀌었다. 그들은 이스라엘 역사에 나타나는 강력하면서도 **매우 자유로운** 성격을 지녔던 인물들을 자신들의 필요에 따라서 보잘것없는 비굴한 인간이나 불평가 또는 '신을 모르는 사람'으로 만들어버렸다. 그들은 역사상의 모든 위대한 사건을 규정하는 심리를 '신에 대한 순종 **혹은 불순종**'이라는 어리석은 공식으로 단순화해버렸다. ─ 한 걸음 더 나아가 '신의 뜻', 다시 말해 사제의 권력 유지를 위한 조건은 사람들에게 **잘 알려져 있어야** 했다. ─ 이러한 목적을 위해서 '계시'가 필요하게 되었다. 쉽게 말하자면, 엄청난 문헌 위조가 불가피하게 되고 '성서'가 발견되는 것이다. ─ 그리고 그것이 사제들이 거행하는 온갖 화려한 의식과 더불어 오랫동안 범해진 '죄'에 대한 회개와 비탄과 함께 공포된다. '신의 뜻'은 이미 오래전에 확립되어 있었다. 그런데 그동안의 모든 불행은 이 민족이 '성서'에서 멀어졌기 때문에 일어난 것이다. …… '신의 뜻'은 모세에게 일찍이 계시되었다. …… 무슨 일이 일어났던 것인가? 사제는 엄격하면서도 고루하게, 사람들이 그에게 바쳐야 했던 크고 작은 세금에 이르기까지(고기의 가장 맛좋은 부위도 잊지 않고. 왜냐하면 사제는 쇠고기를 좋아하니까) **자기가 갖고자하는 것**, 즉 '신의 뜻'을 확고하게 공식화해버렸다. 그때부터 사제가 **어디서나 불가결한** 존재가 되게끔 삶의 모든 일이 규제되었다. 삶의 온갖 자연적 일들, 즉 희생(식사시간 때 바치는)에 대해서는 말할 것도 없고 출생·결혼·병·죽음의 시기에 그것들을 **탈자연화할**—사제의 말에 따르면 그것들을 '신성화'할—그 거룩한 기생충이 등장하게 된다. …… 따라서 사람들은 다음과 같은 것을 파악해야만 할 것이다. 모든 자연적 관습·모든 자연적 제도(국가, 사법제도, 결혼, 병자와 약자를 돌보는 것)·삶의 본능에 의해 제기되는 모든 요구, 요컨대 **그 자체로** 가치 있는 모든 것이 사제의 기생주의(또는 '도덕적 세계질서')에 의해서 철저하게 무가치하게 되고 가치에 **반(反)하는** 것[부도덕한 것]이 된다는 사실 말이다. 이것은 추후적인 인가(認可)를 필요로 한다. — 그러한 것들이 가진 자연성을 부정하고 바로 그렇게 함으로써 가치를 **창출하고 가치를 부여해줄** 권력이 필요해지는 것이다. …… 사제는 자연에게서 가치를 박탈하고 **신성을 박탈한다**. 이를 대가로 사제가 존재하게 되는 것이다. — 신에 대한 불복종, 다시 말해 사제에 대한, '율법'에 대한 불복종은 이제 '죄'라고 불리게 된다. 사람들이 '신과 다시 화해하기 위해서' 의지하는 수단들은 당연히 사제에 대한 굴종을 보다 더 철저하게 보장하는 수단일 뿐이다. 사제만이 '구원해준다'. …… 심리학적으로 고찰할 때, '죄'란 사제들을 중심으로 조직된 사회에서는 없어서는 안 되는 것이다. 죄는 권력의 진정한 지렛대이며, 사제는 죄에 의지해 살고 사람들이 '죄짓는 것'을 필요로 한다. …… 최고의 법: '하느님은 참회하는 자를 용서하신다.' — 그것은 쉽게 말하면 **사제에게 복종하는 자**를 용서한다는 것이다.

27.

모든 자연과 모든 자연 가치 그리고 모든 **현실**을 적대시하는 지배계급의 가장 뿌리 깊은 본능이 지배하는 **허위의** 지반에서 그리스도교가, 곧 현실을 철천지원수로 간주하는 적대감의 한 형식이 발생했다. 그러한 적대감은 이제까지 능가된 적 없을 만큼 컸다. 만사에 대해 사제적 가치와 사제적 언어만을 남겨두고 공포심을 불러일으킬 수 있을 정도로 수미일관되게 지상의 다른 모든 힘 있는 것을 '신성치 못한 것'이라느니, '세속'이라느니, '죄악'으로 간주하면서 멀리했던 '거룩한 민족' — 이 민족이 자신의 본능에 맞는, 자기 부정에 이를 정도로 논리적인 하나의 공식을 만들어냈다. 이 민족은 마지막으로 남은 현실의 형식, 즉 '거룩한 민족', '선택받은 민족'이라는 **유대적인** 현실 자체를 그리스도교를 낳음으로써 부정했다. 이것이야말로 일급에 속하는 경우라 할 것이다. 나사렛 예수의 이름으로 일어난 그 작은 봉기(蜂起)는 **또 하나의** 유대적 본능이며 — 다시 말하면 하나의 현실로서의 사제를 더 이상 받아들이지 못하겠다는 사제적 본능이며 훨씬 더 **추상적인** 존재 형식의 발명이고, 교회 조직에 의해 규정된 세계상보다 훨씬 더 **비현실적인** 세계상의 발명이다. 그리스도교는 교회를 **부정한다.** ……

나는 예수가 그 주모자로 이해, 또는 **오해되고** 있는 그 봉기가 유대 교회에 대한 봉기가 아니라면 무엇에 대한 봉기였는지 모르겠다. — 이 경우 '교회'란 우리가 오늘날 이해하고 있는 의미 그대로의 교회다. 그것은 '[이른바] 선한 자들과 정의로운 자들'에 대한, '이스라엘의 성자들'에 대한, 사회의 위계질서에 대한 반항이었으며 — 그것들의 부패에 대해서가 **아니라** 계급·특권·질서·형식에 대한 봉기였다. 그것은 '더 높은 사람들'에 대한 **불신**이었으며 모든 사제와 신학자에 대한 **부정**이었다. 그런데 사제정치는 일시적으로나마 그처럼 문제시되었지만 실은 그것이야말로 유대 민족에게는 '홍수'의 와중에서도 살아남을 수 있게 해주었던 방주였다. — 다시 말해 힘들게 획득되었던 남아 있는 **최후의** 가능성, 그 민족의 특수한 정치적 존재의 잔존물이었다. 따라서 그것에 대한 공격은 가장 깊은 민족적 본능과 일찍이 지상에 있었던 것 중에서 가장 끈질긴 민족적인 삶의 의지에 대한 공격이었다. 복음서를 믿어도 좋다면, 오늘날에도 시베리아 유형에 처해지기에 충분한 말로 하층민·배척된 자들과 죄인들·유대교 내부의 **찬달라**를 선동하여 지배 질서에 대항하게 한 이 거룩한 무정부주의자는 일종의 정치범이었다. **터무니없이 비정치적인** 사회에서 정치범이라는 것이 존재할 수 있다면 말이다. 바로 이 때문에 그는 십자가형에 처해졌다. 십자가 위의 명패(名牌)[58]가 그 증거다. 그는 **자신의** 죄 때문에 죽었다. — 그가 다른 사람들의 죄를 대신해서 죽었다는 주장은,

---

58) 예수가 짊어졌던 십자가에는 '유대인의 왕 예수'라고 적혀 있었다.

그것이 아무리 자주 주장되었을지라도 전혀 근거가 없는 것이다.

28.

예수가 과연 그러한 대립을 의식하고 있었는지 — 단순히 그가 그런 대립자로 **느껴진** 것에 불과한 것은 아니었는지는 완전히 다른 문제다. 나는 여기서 처음으로 **구세주의 심리**라는 문제를 다룬다. — 솔직히 고백하자면 나는 복음서처럼 [해석하기 어려운] 난점이 많은 책을 별로 보지 못했다. 이 난점이라는 것들은 다음과 같은 난점, 즉 독일 정신의 박식한 호기심이 그것이 난점임을 증명했다는 것을 자신들의 영구히 기억될 승리 중 하나라고 자축했던 난점과는 전혀 다른 것이다. 내가 엄밀하면서도 영리한 문헌학자로서 [당시의] 모든 청년학자와 마찬가지로 그 비길 데 없는 스트라우스의 작품을 꼼꼼히 음미한 건 이미 먼 옛날이다. 그때 나는 스무 살이었다.[59] 지금의 나는 그러기에는 너무 진지하다. '전승'에 존재하는 모순들은 나에게는 아무런 의미도 없는 것 같다. 성자들에 대한 이야기가 어떻게 '전승'이라고 불릴 수 있는가? 성자들에 대한 이야기는 가장 애매한 문헌이다. **그 외에 다른 기록이 남아 있지 않은 상황에서** 그런 이야기들에 과학적 방식을 적용하는 것은 근본적으로

---

59) 니체는 슈트라우스의 『예수의 생애』를 1864년 본(Bonn) 대학에 다닐 때 읽었다.

잘못된 일로 보인다. ― 그것은 학자들의 심심풀이에 지나지 않는다.[60] ……

29.

나에게 중요한 것은 구세주의 심리적 유형이다. 복음서에 아무리 왜곡되고 이질적인 특징들이[61] 지나치게 섞여 들어가 있다 하더라도, 그리고 그것들이 아무리 복음서라 하더라도 그러한 심리적 유형을 포함하고 **있을 수 있다.** 이는 아시시의 프란치스코 (Franciscus von Assisi)에 대한 전설이 전설임에도 불구하고 그의 심리적 유형을 보존하고 있는 것과 마찬가지다. 여기서 문제가 되는 것은 그가 무엇을 했는가, 무엇을 말했는가, 사실은 어떻게 죽었는가 하는 것이 아니라, 그의 유형이 과연 지금도 이해될 수 있는가, 그것이 과연 '전승되어' 왔는가 하는 것이다. ― 복음서에서 한 '영

---

60) 니체는 여기에서 자신이 복음서를 해석하는 방식이 슈트라우스의 방식과 어떤 식으로 다른지 말하고 있다. 슈트라우스는 복음서를 이를테면 과학적으로 분석하면서 그것에 존재하는 모순을 드러내고 있지만 니체는 복음서는 신자들의 신앙고백을 담은 이야기로서 과학적인 분석의 대상이 될 수 없다고 본다. 따라서 니체는 복음서에 입각해 예수에 대한 객관적인 상을 파악한다는 것이 원칙적으로 잘못된 시도라고 보면서, 그러한 접근방식보다는 구세주를 규정했던 심리를 파악하는 방식을 취한다고 말하고 있다.

61) 바울과 유대교의 특성들이 복음서에 섞여 들어가서 예수의 본래 가르침이 왜곡된 것을 가리키는 것 같다.

혼'의 **역사**까지 끄집어내려는 시도가 있었음을 익히 잘 알고 있다. 그런 시도들은 나에게는 혐오할 만한 심리학적 경박성을 증명하는 것으로 보인다. 심리학 방면의 어릿광대 르낭 씨는[62] 예수라는 유형을 설명하기 위해 이 경우에 **가장 부적합한** 두 가지 개념을 끌어들였다. **천재**라는 개념과 **영웅**(héros)이라는 개념이다. 그러나 무언가 비복음적인 것이 있다면 영웅이라는 개념이야말로 바로 그런 것이다. 모든 싸움, 자신이 싸우고 있다는 모든 느낌의 반대가 복음서에서는 본능이 되었다. 저항할 능력을 갖지 않는 것이 복음서에서는 도덕이 되었고('악에 저항하지 말라!'[63]는 것이 복음서의 가장 심원한 말이며 어떤 의미에서는 복음서를 이해하는 관건이다), 평화에, 온유함에, 적의를 가질 수 **없음**에 깃들어 있는 지복이 도덕이 되었다. '기쁜 소식[복음]'이란 무엇인가? 진정한 삶, 영원한 삶이 발견되었다는 소식이다. — 그것이 [내세에] 약속되어 있다는 것이 아니라 바로 여기, **너희들 안**에 있다는 것이다. 사랑 속에, **뺄 것도 배제할 것도** 없고 거리가 없는 사랑 속에서 사는 삶으로서 말이다. 모든 사람이 하느님의 아들이며 — 예수는 분명 아무것도 자신에게만 해당되는 것으로 주장하지 않는다—, 하느님의 아들로서 모든 사람은 동등하다. …… 예수를 영웅으로 만들어놓다니! — 게다

---

62) 에르네스트 르낭(Ernest Renan)이 자신의 책 *Vie de Jésus*(예수의 생애, Paris 1863)에서 전개한 견해가 문제시 되고 있다.

63) 마태복음 5장 39절 "악한 자를 대적치 말라"를 참조할 것.

가 '천재'라는 말은 얼마나 큰 오해인가! '정신'이라고 하는 우리의 모든 개념, 우리의 모든 문화적 개념은 예수가 살던 당시의 세계에서는 아무런 의미도 갖지 못했다. 엄밀한 생리학자로서 말하자면 여기서는 다른 말, 즉 백치라는 말이 오히려 적합한 것 같다. 우리는 어떤 것이든 단단한 물체에 닿거나 그걸 쥐기만 해도 기겁을 하고 움츠러드는, 병적으로 민감한 촉각의 상태를 잘 알고 있다. 그와 같은 생리적 상태(habitus)의 궁극적인 논리적 귀결을 생각해보라. — 그것은 모든 현실성에 대한 본능적 증오, '붙잡을 수 없고 이해할 수 없는 것'으로의 도피, 모든 형식과 모든 시간 개념과 공간 개념, 확고한 모든 것, 관습·제도·교회와 같은 모든 것에 대한 반감, 어떠한 종류의 현실과도 접촉하지 않는 세계, 단지 '내적인' 세계, '참된' 세계, '영원한' 세계에서의 안주가 될 것이다. ……
'하느님 나라는 **너희 안에** 있다'[64]는 것이다. ……

30.

현실에 대한 본능적 증오. 이것은 모든 접촉을 너무나 깊이 느끼기 때문에 더 이상 '접촉'되기를 원하지 않는, 고통과 자극에 대한 극단적인 감수성의 결과다.

---

64) 누가복음 17장 21절 "하느님의 나라는 너희 안에 있느니라"를 참조.

모든 혐오, 모든 적의, 한계와 거리에 대한 모든 느낌의 본능적인 배제. 이것은 모든 저항과 저항하지 않으면 안 된다는 느낌을 견딜 수 없는 **불쾌감**(말하자면 **해로운 것**, 자기 보존 본능이 **말리는 것**)으로 받아들이고 누구에게든, 악에든 악인에게든 더 이상 저항하지 않는 것 가운데서만 지복을 발견하며 — 사랑을 삶의 유일하고 **궁극적인** 가능성으로 보는 고통과 자극에 대한 극단적인 감수성의 결과다. ……

그것이 구원의 교리가 생겨나온 바탕이자 근원인 두 가지 **생리적 현실**이다. 나는 그러한 구원의 교리를 전적으로 병적인 토대에 근거한 쾌락주의가 숭고하게 발전된 것이라고 부른다. 비록 그리스적 생명력과 신경에너지를 상당히 갖고 있기는 하지만 그것[그리스도교적인 구원의 교리]과 가장 가까운 것은 이교적 구원의 교리인 에피쿠로스주의다. 에피쿠로스는 **전형적인 데카당**이다. 나는 그것을 최초로 간파한 사람이다. — 고통에 대한 공포, 한없이 작은 고통에 대해서마저도 느끼는 공포 — 이러한 공포는 **사랑의 종교**에서만 끝날 수 있다. ……

31.

나는 그 문제[구세주의 심리적 유형이라는 문제]에 대한 나의 답변을 이미 제시했다. 그러한 답변에 대한 전제는 구세주의 유형이 우리에게는 아주 왜곡된 형태로서만 남아 있다는 사실이다. 이러한 왜곡이 있었다는 사실 자체가 아주 있을 법한 일이다. 그러한 유형은 여러 가지 이유로 인해서 아무것도 덧붙여진 것 없이 순수하고 온전하게 남아 있을 수 없었다. 이 이상한 인물이 활동했던 환경은 그에게 흔적을 남겼을 수밖에 없다. 그리고 초기 그리스도교 공동체의 역사와 **운명**은 더욱 강하게 흔적을 남겼다. 그러한 **운명**이 소급적으로 작용하면서 이 유형은 싸움과 선전 목적에 관련지어서만 비로소 이해될 수 있는 특징을 풍부하게 갖추게 되었다. 복음서들이 우리를 이끌고 들어가는 그 기묘한 병든 세계 — 러시아 소설에서 볼 수 있는 것처럼, 사회의 배설물과 신경질환 그리고 '어린애 같은' 백치상태가 밀회하고 있는 듯한 세계 — 는 아무튼 그 유형을 **조야하게 만들어놓았을** 것임이 틀림없다. 특히 최초의 제자들은 상징과 불가해한 것 안에서 떠돌고 있는 그 존재를 조금이나마 이해해보기 위해 그를 그들에게 특유한 조야한 방식으로 번역했다. — 그들에게 그러한 유형은 더 낯익은 형식으로 변형된 후에야 비로소 **이해될** 수 있었다. …… 예언자, 메시아[구세주], 미래의 심판자, 도덕의 교사, 기적을 행하는 자, 세례자 요한 — 이 모든 것이 그 유형을 오해하게 하는 계기가 되었다. …… 마지막으로 우리는 대규모적인 모든 숭배, 특히 종파적 숭배가 갖는 특징을 경시해서는 안 된다. 그것은 숭배받는 존재가 가진 특유의, 때로는 견딜 수 없을 정도의 낯선 특징과 특이체질들을 말살해버리기 때문이다. — **그러한 숭배는 심지어 이러한 특징과 특이체질들을 보지도 못한다.** 숭고한 것과 병적인 것과 유치한 것이 그처럼 기이하게 결합되어 있는 존재로부터 감동적인 매력을 느낄 수 있는 도스토옙스키 같은 자가 이처럼 가장 흥미로운 데카당 가까이에서 살지 않았다는 것은 유감스러운 일이다.[65] 마지막 관점 하나는, 데카당한 유형으로서의 그는 사실 특이한 다양성과 모순성을 지녔다고 할 수도 있다는 것이다. 그런 가능성을 전적으로 배제할 수는 없다. 그러나 모든 사실이 그러한 가능성에 반하고 있다. 왜냐하면 그러한 가능성이 성립하기 위해서는, 전승된 내용은 매우 충실하고 객관적이었어야 했을 것이기 때문이다. 그러나 우리에게는 그 반대의 경우를 상정할 만한 근거가 있다. 어느 사이, 산과 호수와 들판의 설교자와 — 인도와는 별로 같은 점이 없는 땅에서 그의 모습은 부처의 모습처럼 보이거니와 — 르낭이 '반

---

65) 여기서 니체는 예수를 도스토옙스키의 소설 『백치』에 나오는 무이시킨 공작이나 『죄와 벌』의 소냐, 『카라마조프가의 형제들』의 알료샤처럼 순진무구하고 남을 미워할 줄 모르는 인물들과 유사하다고 보고 있다. 니체는 도스토옙스키의 저작 가운데 『백치』만을 읽었던 것 같으며, 『안티크리스트』 외에 『우상의 황혼』에서도 도스토옙스키의 예리한 심리학적 분석력을 높이 평가하며 그야말로 자신이 무언가를 배울 수 있었던 유일한 심리학자라고 밝혔다. 그는 심지어 도스토옙스키를 알게 된 것이야말로 자신의 생애에서 가장 큰 행운 중 하나였다고 말하고 있다.
또한 니체는 종교와 그리스도교에 대한 톨스토이의 저술들도 읽었던 것 같다. 니체의 메모록에는 톨스토이의 『나의 종교(*Ma réligion*)』에서 발췌한 부분들이 보인다. 니체의 예수 해석은 도스토옙스키뿐 아니라 톨스토이의 영향도 상당히 받았을 것으로 추측된다.

어법의 위대한 대가(le grand maitre en ironie)'라고 심술궂게 찬미한 저 공격적인 광신자, 즉 신학자 및 사제의 불구대천의 원수 사이에는 하나의 모순이 입을 벌리고 있는 것이다. 나 자신은, 이 엄청난 담즙[66](그리고 에스프리[esprit]조차도)이 그리스도교적 선전의 흥분상태로부터 '주님'의 유형으로 넘쳐흘러 들어간 것일 뿐이라는 사실을 믿어 의심치 않는다. 모든 종파가 그들의 '주님'을 자신들을 **변호하는** 데 무분별하게 이용하고 있다는 것은 주지의 사실이니까 말이다. 최초의 그리스도교 공동체가 [유대교의] 다른 신학자들에 **대항하기 위해** 판결하고 다투고 분노하며 사악하게 궤변적인 신학자 하나를 필요로 했을 때 그들은 자신의 필요에 따라 '신'을 **창조한** 것이다. 마치 그들이, 이제 그들에게는 필요 불가결하게 된 전적으로 비복음적 개념들, 즉 '재림' '최후의 심판' 그리고 온갖 종류의 시간적인 기대와 약속을 주저 없이 예수가 말한 것으로 만들었듯이 말이다.

32.

다시 말하지만, 나는 광신자라는 성격을 구세주[67]의 유형이 갖는 성격 중 하나로 보는 것에 반대한다. 르낭이 사용하고 있는 그

---

66) 담즙은 분노와 증오를 일으킨다고 믿어졌다.
67) 예수를 말한다.

명령적(imperieux)이라는 말은 그것만으로도 이미 이러한 유형을 **파괴하고 있다**. '기쁜 소식'이란 우리가 적대시할 것이 더 이상 아무것도 존재하지 않는다는 것이다. 천국은 **어린이들**의 것이다. 여기서 말하는 신앙은 투쟁을 통해 획득된 신앙이 아니다. — 그것은 처음부터 있었다. 그것은, 이를테면 정신적인 면에서 유아성으로 돌아가는 것이다. 퇴화의 결과로서 발육이 부진해져 사춘기가 늦어지는 현상은 어쨌든 생리학자들에게는 잘 알려진 것이다. — 그러한 신앙은 분노하지 않으며 남을 탓하지 않고 자신을 방어하지도 않는다. 그것은 '칼'을 가지고 오지 않는다.[68] — 그것은 그것이 언젠가 얼마만큼 분열을 일으킬 수 있을지를 예감조차 하지 못한다. 그것은 기적에 의해서도, 보상과 약속에 의해서도, 심지어 '성서'에 의해서도 자신을 입증하지 않는다. 그 신앙 자체가 매순간 자신의 기적이며 자신의 보상이고 자신의 증거이며 '신의 나라'인 것이다. 이러한 신앙은 또한 자신을 정식화하지도 않는다. — 그것은 **살아 있는 것이며** 공식에 저항한다. 물론 환경, 언어, 소양(Vorbildung)과 같은 우연에 의해서 일정한 개념군이 규정된다. 원시 그리스도교는 유대 셈족의 개념**만**을 사용한다. (성찬식에서 먹고 마시는 것은 여기에 속하는 것이다. 이것은 유대적인 모든 것처럼 교회에서 아주 심하게 남용되고 있는 개념이다.) 그러나 우리는 그러한 개념

---

68) 마태복음 10장 34절.

들을 하나의 기호 언어, 하나의 징후, 비유를 위한 하나의 기회 이상의 것으로 보지 않도록 유의해야 한다. 자기가 말하는 그 어느 것도 문자 그대로 받아들여지지 않는다는 조건 아래서만 이 반(反)현실주의자는 겨우 말을 할 수가 있는 것이다. 인도인들 사이에서였다면 그는 수론파[69]의 개념을 이용했을 것이고 중국인들 사이에서였다면 그는 노자의 개념을 이용했을 것이다. — 그러면서도 그 경우 아무런 차이도 느끼지 못했을 것이다. — 어느 정도 자유롭게 표현해도 된다면, 우리는 예수를 일종의 '자유정신'이라고 부를 수 있을 것이다. — 그는 고정된 모든 것에 무관심하다. 즉 말이란 [자신이 가리키는 것을] **죽이는 것이며**, [말처럼] 고정된 모든 것은 **죽이는 것이다.** 그가 혼자서 알고 있는 것과 같은 삶이라는 개념, 즉 '삶'이라는 **체험**은 어떤 종류의 말·정식·율법·신앙·교리와도 대립되는 것이다. 그는 단순히 가장 내적인 것에 대해서 이야기할 뿐이다. '삶'이라든가 '진리'·'빛'이라는 것은 가장 내적인 것을 가리키는 그의 표현이다.[70] — 그밖의 모든 것, 모든 실재, 모든 자연, 언어 자체는 그에게는 다만 하나의 기호나 하나의 비유라는 가치밖에 지니지 못한다. — 그리스도교적인, 다시 말해 **교회적인** 편견이 아무리 우리를 유혹하더라도 우리는 그 점에서 절대 잘못

---

69) 고대 인도의 정통육파 철학의 하나인 상키야파를 가리키며, 물질원리와 정신원리라는 두 가지로 우주의 전개를 설명하려고 했다.

70) 예를 들어 요한복음 14장 6절.

을 범하지 말아야 한다. 그 같이 뛰어난 상징주의자는 모든 종교, 제식과 관련된 모든 개념, 모든 역사학, 모든 자연과학, 모든 심리학, 모든 서적, 모든 예술을 넘어서 있다. — 그의 '앎'이란 그러한 것들이 존재하고 있다는 사실조차 모르는 **순수한 어리석음**(die reine Torheit)에 불과하다. 그는 **문화**라는 것에 대해서는 들은 일조차 없을 정도로 그것을 알지 못한다. 따라서 그는 그것에 대항해 싸울 필요도 없고 — 그것을 부정하지도 않는다. …… **국가**, 시민적 질서 전체와 사회, **노동**, 전쟁에 대해서도 마찬가지다. — 그에게는 '세속'을 부정할 이유가 없었으며 '세속'이라는 교회적 개념에 대해서는 어렴풋하게라도 알지 못했다. …… **부정한다는 것**이야말로 그에게는 불가능한 것이다. — 마찬가지로 그에게는 변증법이 결여되어 있으며, 하나의 신앙, 하나의 진리가 근거들에 의해 입증될 수 있다는 생각도 결여되어 있었다. (**그의** 증거는 내적인 '빛', 내적인 쾌감과 자기 긍정, 순전히 '힘[Kraft]을 증명하는 것들'이다.)[71] 그러한 가르침은 이의를 제기할 **수도** 없다. 그것은 다른 가르침들이 존재한다거나 존재할 **수 있다**는 사실을 전혀 이해하지 못하며, 그것과 대립되는 판단이 있다는 사실을 상상조차 할 수 없다. …… 대립되는 판단에 접하게 될 경우, 그것은 충심 어린 동정심을 품고 그러한 판단의 '맹목성'에 대해서 슬퍼할 것이다. 왜냐하면 그

---

71) 고린도전서 2장 4절 "성령의 나타남과 능력으로 하여"를 참조할 것.

것은 '빛'을 보기 때문이다. 그러나 그것은 아무런 이의도 제기하지 않을 것이다. ……

33.

'복음서'의 심리에는 그 어디에도 죄와 벌이라는 개념이 없다. 보상이란 개념도 마찬가지다. 복음서에서 '죄'란 신과 인간 사이에 거리가 존재한다는 것이지만, 이러한 모든 거리가 제거되었다는 것 — **바로 그것이 '기쁜 소식'이다.** 지복은 약속된 것이 아니며 어떤 조건에 매여 있지도 않다. 지복은 **유일한** 실재다. — 나머지는 그것에 대해 말하려는 기호들이다. ……

그러한 상태의 **결과**는 하나의 새로운 **실천**, 진정으로 복음적인 실천 속에 투영된다. 그리스도교인을 구별짓는 것은 '신앙'이 아니다. 그리스도교인은 행동한다. 그는 **다른** 행동 방식에 의해서 구별된다. 그는 자기에게 악을 행하는 자에게 말로도 마음속에서도 저항하지 않는다. 그는 이방인도 본토인도 차별하지 않으며 유대인도 비유대인도 차별하지 않는다. ('이웃'이란 본래는 [유대교에서는] 신앙을 같이 하는 자, 즉 유대인을 말한다.) 그는 어느 누구에게도 화를 내지 않으며 어느 누구도 경멸하지 않는다. 그는 법정에 나서지도 않으며 변호를 요구하지도 않는다('서약하지 말'라는 것이다).[72] 어떠한 상황에도, 심지어는 부인의 부정이 입증된 경우에도 부인과 갈라서지 않는다. — 모든 것은 근본적으로 한 가지 명제로 귀착되며, 모든 것은 결국 한 가지 본능의 결과다.

구세주의 삶이란 바로 **이러한** 실천 외에 아무것도 아니었다. — 그의 죽음도 역시 다른 것이 아니었다. …… 그는 신과 교통하기 위한 어떠한 형식도, 어떠한 의식도 필요로 하지 않았다. — 기도조차 필요 없었다. 그는 유대적인 회개와 속죄의 교리 전체를 청산해버렸다. 그는 사람들이 오직 삶의 실천을 통해서만 자신을 '신적이고' '복되며' '복음적이고' 언제나 '신의 자식'으로 느끼게 된다는 사실을 알고 있다. 신에게 이르는 길은 '회개'도 **아니고** '용서를 구하는 기도'도 **아니다. 복음에 따른 실천만**이 신에게 인도해주며, 실천이 바로 신이다. — 복음과 함께 **폐기된** 것은 '죄' '죄의 용서' '신앙' '신앙에 의한 구원' 등의 개념으로 이루어진 유대교였다. — 유대 **교회**의 모든 교설은 '기쁜 소식'에서는 부정되었다.

어떠한 다른 태도에서도 '천국에 있다고 느낄' 수 **없는** 반면에, '천국에 있다고' 느끼기 위해서 그리고 자신이 '영원하다고' 느끼기 위해 어떻게 **살아야** 할 것인가에 대한 깊은 본능, 오직 이것만이 '구원'의 심리적 실재다. — 그것은 새로운 변화일 뿐 새로운 신앙은 **아니다.**

---

72) 마태복음 5장 33절, "헛 맹세를 하지 말고"를 참조할 것.

34.

내가 이 위대한 상징주의자에 대해 어떤 무엇이라도 이해하고 있는 점이 있다면 그것은 그가 오직 **내적** 실재만을 실재로서, 곧 '진리'로서 간주했다는 것이다. — 그리고 그가 그 나머지 것, 곧 자연적인 것 · 시간적인 것 · 공간적인 것 · 역사적인 것 모두를 단지 기호로서만, 단지 비유를 위한 수단으로만 이해했다는 사실이다. '사람의 아들'이라는 개념은 역사 속의 구체적인 인물, 곧 어떤 개별적이고 일회적인 인물이 아니라 어떤 '영원한' 사실이며 시간 개념에서 해방된 어떤 심리적 상징이다. 우리는 이 전형적인 상징주의자의 **신**, 신의 나라, '천국', '신의 자녀들'에 대해서도 위와 동일하게 말할 수 있다. 그리고 그것들은 최고의 의미에서 그러하다[그것들은 어떤 '영원한' 사실이며 시간 개념에서 해방된 어떤 심리적 상징이다]. 인격으로서의 신, **앞으로 올** '신의 나라', 피안의 '천국', 삼위일체의 **두 번째 위격**으로서의 '신의 아들' 등등과 같은 **교회의 조잡한 개념들**보다 더 그리스도교적인 것은 없다. 그 모든 것은[73] — 이러한 표현을 용서하기 바란다 — 눈앞에 내밀어진 **주먹** 격이다.[74] —

---

73) 인격으로서의 신, 앞으로 올 '신의 나라', 피안의 '천국', 삼위일체의 두 번째 위격으로서의 '신의 아들' 등등과 같은 교회의 공식적인 교리를 가리킨다.

74) '눈앞에 내밀어진 주먹 격이다'라는 말은 두 가지가 서로 비슷하게 보이지만 실은 완전히 다르다는 것을 나타내는 관용어다.

그래 무슨 눈앞인가! — 복음의 눈앞이다.[75] 그것들은 상징이란 것을 경멸하는 **세계사적인 견유주의**(大儒主義, Cynismus)[76]다. …… 물론 '아버지'와 '아들'이라는 기호에 무슨 암시가 있는지는 명약관화하다. 물론 모든 사람에게 명약관화한 것은 아니라는 점은 인정한다. '아들'이라는 말로는 모든 사물이 성스러운 것으로 총체적으로 변용되는 느낌(지복)으로 **진입하는 사건**이 표현되며, '아버지'라는 말로는 이러한 **느낌 자체**, 즉 영원과 완성의 느낌이 표현된다. …… 교회가 이러한 상징들로 무엇을 만들었는지 떠올리기만 해도 부끄러울 지경이다. 교회는 그리스도교적 '신앙'의 문턱에 암피트리온(Amphitryon)[77] 이야기를 갖다놓은 것이 아닌가? 게다가 '더럽혀지지 않은 수태[동정녀 수태(受胎)]'라는 도그마를 덧붙이지 않았던가? …… **그러나 이와 함께 교회는 수태를 더럽혀버렸다.**[78]

'천국'이란 마음의 한 상태다. — '지상을 넘어서' 혹은 '죽음 후에'

---

75) 예수의 복음과 교회의 공식적인 교리들은 서로 비슷한 것 같지만 완전히 다르다는 것을 의미한다. 교회의 공식적인 교리들은 예수의 진정한 복음을 은폐한다.

76) 디오게네스를 대표로 하는 견유주의자들은 문화와 관습을 거부하고 욕망을 가능한 한 소박하게 실현하고자 했다. 여기서 견유주의는 상징이라는 고도의 문화적 수단을 이해할 줄 모르는 조야한 태도를 가리킨다.

77) 암피트리온의 아내 알크메네는 남편이 자기 오빠들의 원수를 갚아주기 전에는 동침을 하지 않겠다고 했다. 남편이 원수를 갚으러 간 사이, 제우스가 남편으로 변신하여 일을 마치고 돌아온 척하면서 아직 처녀인 그녀와 동침한다. 그 결과 헤라클레스가 태어났다.

78) 성모마리아를 동정녀로 봄으로써 인간의 수태 행위, 즉 성행위를 더러운 것으로 간주하게 되었다는 말.

오는 것이 아니다. 자연사라는 개념은 복음에 전혀 **나오지 않는다.** 죽음이란 하나의 다리도, 하나의 이행도 아니다. **자연사라는 개념이 나오지 않는** 것은 죽음은 전혀 다른 단순히 가상적인 세계, 단순히 기호로만 쓸모 있는 세계에 속해 있기 때문이다. '임종의 시각'이란 그리스도교적 개념이 **아니다.** — '시각', 시간, 육체적 삶과 그것의 위기라는 것은 '기쁜 소식'을 가르치는 자에게는 전혀 존재하지 않는다. …… '신의 나라'라는 것도 사람들이 기대하는 것은 아니다. 신의 나라에는 어제도 내일도 없으며 그것은 '천년'[79]이 지나도 오지 않는다. — 그것은 마음속에서 일어나는 하나의 경험이다. 그것은 도처에 있으면서도 아무 데도 없다. ……

35.

'기쁜 소식을 가져온 자'는 — 자신이 살아왔고 **가르쳤던** 대로 — '인류를 구원하기' 위해서가 **아니라** 어떻게 살아야만 하는가를 보여주기 위해 죽었다. 그가 인류에게 남긴 것은 **실천**이었다. 그가 남긴 것은 재판관, 간수, 고소하는 자, 그리고 모든 종류의 중상(中傷)과 조소 앞에서의 태도 — **십자가** 위에서의 태도였다. 그는 저항하지 않는다. 그는 자신의 권리를 변호하지도 않는다. 그는 최악의

---

79) 『요한묵시록』 20장 4절.

사태를 피할 수 있는 조치도 강구하지 않는다. — 오히려 그는 **그러한 사태를 도발한다.** …… 그리고 그는 자신에게 악을 행하는 자들과 **더불어, 그들 자신이 되어** 간구하고 괴로워하고 사랑한다. 그가 십자가에 매달린 도적에게 한 말 속에는 복음의 모든 말이 다 들어 있다. "이 사람이야말로 정말 신과 같은 사람, 하느님의 아들이었구나!"[80]라고 도적은 말한다. "네가 그렇게 느낀다면," — 구세주는 이렇게 말한다 — "너는 낙원에 있는 것이다. 너는 하느님의 아들이다."[81] 자신을 방어하지 **않는다는 것**, 노하지 **않는다는 것**, 다른 사람의 책임을 **묻지 않는다는 것**. …… 그리고 악인에게마저도 저항하지 않고 — 그를 **사랑한다는 것**. ……

36.

우리만이, **자유롭게 된** 정신인 우리만이 1,900년 동안 오해되어 왔던 것을 이해할 수 있는 전제조건을 갖추고 있다. — 다른 어떤 거짓말보다 '거룩한 거짓말'에 대해 먼저 싸움을 거는, 본능이 되고 열정이 되어버린 정직성을 말이다. …… 사람들은 우리의 애정 넘치고 조심스러우며 중립적인 태도를 도저히 취할 수 없었다. 다시

---

80) 이 말은 성서에서는 예수가 죽은 후 도적이 아니라 백인대장(百人隊長)이 한 말로 되어 있다. 누가복음 23장 47절, 마태복음 27장 54절, 마가복음 15장 39절 참조.
81) 누가복음 23장 39절~43절 참조.

말해 그들은 그렇게 낯설고 그렇게 미묘한 것들을 간파하는 데 꼭 필요한 한 가지 요건, 저 훈련된 정신을 도저히 가질 수 없었다. 어느 시대에서든 사람들은 파렴치한 이기심으로 그것들[그렇게 낯설고 그렇게 미묘한 것들]을 통해 **자신의** 이익만을 꾀했으며 복음과는 정반대되는 것을 기초로 하여 **교회를** 세웠다. ……

세계가 펼치는 이 거대한 연극 뒤에서 어떤 아이러니한 신성이 그 연극을 조종하고 있다는 표시를 누군가 찾고 있다면, 그는 그리스도교라는 **거대한 의문부호**에서 아마 적지 않은 증거를 발견할 것이다.[82] 인류는 복음의 근원, 의미, **정당성**과 정반대되는 것 앞에 무릎을 꿇고 있으며, '기쁜 소식을 가져온 자'가 자신이 이미 **넘어섰고 폐기해** 버렸다고 느꼈던 것을 교회라는 개념 속에서 신성시하여왔다. ── 그보다 더 엄청난 **세계사적 아이러니**는 찾으려고 해도 찾을 수 없을 것이다.

---

82) 여기서 아이러니한 신성이란 도덕적으로 고결하고 선한 신이 아니라 도덕적으로 결함이 많은 신을 가리킨다고 할 수 있다. 일부 철학자들은 우리가 살고 있는 세계가 선한 세계가 아니라 오류와 거짓이 난무하는 세계라면 이러한 세계를 지배하는 신도 결국은 오류와 거짓으로 가득 찬 신이라 할 수 있을 것이라고 보았다. 여기서 니체는 이러한 철학자들이 만약 자신의 생각을 뒷받침하는 가장 좋은 증거를 찾으려 한다면, 그러한 증거를 거짓과 오류의 역사인 그리스도교의 역사에서 찾을 수 있을 것이라고 말하고 있다.

37.

우리 시대는 자신의 역사적 감각에 대해서 자랑스러워한다.[83] 이 시대는, **기적을 행하는 자이자 구세주로서의 예수에 대한 그 조잡한 우화**가 그리스도교가 시작되면서부터 나타났다는 터무니없는 생각을 어떻게 믿게 되었을까. — 그리고 영적이고 상징적인 모든 것은 나중에 발전된 것일 뿐이라는 터무니없는 생각을 어떻게 믿게 되었을까? 그렇게 터무니없는 생각과는 정반대로, 그리스도교의 역사는 — 더구나 십자가에서의 죽음 이래 — 하나의 **근원적인** 상징체계를 갈수록 조야하게 오해해온 역사다. 그리스도교는 수적으로 훨씬 우세하고 훨씬 더 미개한 대중 속으로 퍼져나갔고 그런 과정에서 그것이 태어난 선행조건들이 갈수록 사라졌다. 이에 따라 그리스도교는 더 **통속적인 것이 되고 야만적인 것이 될** 필요가 있었다. — 그것은 로마제국의 모든 **지하적** 예배의 교설과 의식을 흡수했고 온갖 병적인 이성의 불합리한 점을 받아들였다. 그리스도교가 충족시켜야 할 필요조건들이 병적이고 저열하며 통속적인 것이 되었을 때 그 신앙 자체도 필연적으로 병적이고 저열하고 통속적으로 될 수밖에 없었다는 것이 그리스도교의 운명이었다. …… 이러한 **병적인 야만성**이 심화되면서 마침내 교회로서 권력을 잡게 된

---

83) 니체가 살았던 19세기는 엄밀한 사료 비판에 입각하여 근대 사학을 확립한 랑케를 필두로 역사학이 크게 융성했던 시대다.

다. ─ 모든 정직성, 영혼의 모든 **드높음**, 정신적인 모든 훈련, 관대하고 자비로운 모든 인간성을 불구대천의 원수로 둔 교회로서. ─ 우리가 비로소, 곧 **자유롭게 된** 정신인 우리가, 있을 수 있는 최고의 가치 대립, 곧 그리스도교적 가치와 **고귀한** 가치의 대립을 회복시켰다!

38.

이 대목에서 나는 탄식이 나오는 것을 억제할 수가 없다. 더없이 암울한 우울보다도 더 암울한 느낌이 ─ **인간에 대한 경멸**이 ─ 나를 엄습하는 날이 있다. 내가 **무엇을** 경멸하고, **누구를** 경멸하는가를 분명히 해두자면, 그것은 오늘날의 인간, 불행하게도 나와 동시대에 살고 있는 인간이다. 오늘날의 인간 ─ 나는 그의 불순한 숨결에 질식해버린다. …… 과거에 대해서는 나도 인식하는 모든 사람과 마찬가지로 많은 너그러움을 가지고, 곧 **아량 있는** 자제력을 지니고 대하고 있다. 그래서 나는 2,000년의 역사를 가진 정신병원 같은 세계, 곧 '그리스도교' '그리스도교적 신앙' '교회'를 암울한 기분으로 신중하게 통과한다. ─ 나는 인류가 정신병을 가졌다 해서 그에게 책임을 지우지 않도록 조심한다. 그러나 우리 시대인 **현대**에 들어서자마자 나의 감정은 당장 뒤바뀌고 폭발해버린다. 우리 시대는 **알고 있다**. …… 이전에는 단순히 병이었던 것이 오늘날엔 부끄러운 것이 되어버렸다는 것을. — 오늘날 그리스도교인이라는 것은 부끄러운 일이다. **그리고 바로 이 대목에서 나는 메스꺼워지기 시작한다.** — 나는 주위를 둘러본다. 전에 '진리'라고 불리던 것은 이제 한 마디도 남아 있지 않다. 어떤 사제가 '진리'라는 말을 입에 담기만 해도 이제 우리는 참을 수가 없다. 사람들은 오늘날 신학자나 사제나 교황이 하는 모든 말이 틀릴 뿐 아니라 그들이 **거짓말을 하고 있다**는 사실을 **틀림없이** 알고 있다. 이러한 사실은 우리가 조금만 정직하면 인정할 수 있다. — 사람들은 그들이 '순진'해서 혹은 '무지' 때문에 거짓말을 하는 것이 아니라는 사실을 알고 있음에 틀림없다. 사제 역시 다른 사람들과 마찬가지로 '신'이 없다는 것, '죄인'도 '구세주'도 없다는 것 — 그리고 '자유 의지' '도덕적 세계질서' 따위는 **거짓말**이라는 사실을 알고 있다. — 자신을 극복한 진지하고 심오한 정신은 이제 아무에게도 그러한 것을 **모른다**고 하는 것을 **허용치** 않는 것이다. …… 교회의 **모든** 개념도 이제 제대로, 즉 자연과 자연적인 가치들에서 **가치를 박탈하려고 하는** 가장 악의적인 화폐위조로서 인식되고 있다. 사제 자신이 그의 실상대로, 즉 삶에 가장 위험한 기생충이자 진짜 독거미로 인식되고 있다. ……

오늘날 우리는 알고 있으며 우리의 **양심**은 알고 있다. — 사제와 교회가 고안해낸 그 섬뜩한 허위들이 **어떤** 가치를 가지고 있으며, **어떤 목적에 사용되는 것인가를**. 인간의 모습만 봐도 역겨움이 일어날 정도로 인간으로 하여금 자신을 모독하게 하는 상태를 초래한 개념들 — 곧 '피안'이니, '최후의 심판'이니, '영혼의 불멸'이니, 또 '영혼'이니 하는 개념들이 말이다. 그것들은 고문의 도구, 사제를 지배자로 만들어주고 지배자로 남아 있게 해주는 체계적이고도 잔학한 수단이다. …… 모든 사람은 이러한 사실을 알고 있다. **그럼에도 불구하고 달라진 것은 없고 모든 것은 옛날 그대로다.** 우리네 정치가들조차, 즉 다른 점에서는 편견이 없고 행동에서는 철저하게 반(反)그리스도교적인 이들조차[84] 오늘날에도 여전히 자신을 그리스도교인이라 자처하면서 성찬식에 나가는 판이라면, 품위와 자존심이라는 최후의 감정은 죄다 어디로 가버린 것인가? …… 자기 민족의 이기주의와 자부심의 표현으로서 화려한 모습으로 자신의 군대의 선두에 선 젊은 군주[85] — 그러고도 아무런 부끄러움도 **없이** 그리스도교인임을 공언하는 그! …… 그렇다면 그리스도교는 도대체 **누구를** 부인하는 것일까. 그것이 '세상'이라고 부르는 것은 **무엇일까?** 군인이 되는 것, 재판관이 되는 것, 애국자가 되는 것, 자신을 방어하는 것, 자신의 명예를 지키는 것, 자신의 이익을 추구하는 것, **긍지를** 갖는 것. …… 매 순간의 모든 실천, 모든 본능, **행동**으로 표현되는 모든 가치평가가 오늘날에는 반그리스도교

---

84) 비스마르크와 같은 사람을 염두에 둔 것 같다.
85) 당시 독일의 황제였던 빌헬름 2세를 가리킨다. 니체는 어머니에게 보낸 편지에서도 빌헬름 2세를 위선자라고 비판한 바 있다.

적이다. 그럼에도 불구하고 자신이 그리스도교인라고 불리는 것을
부끄러워하지 않다니, 현대인은 정녕 **기만(欺瞞)의 기형아**다!

39.

과거로 되돌아가서 이제 그리스도교의 진정한 역사에 대해 이
야기하겠다. — 그런데 '그리스도교'란 말 자체가 이미 오해되어
온 개념이다. — 근본적으로는 오직 단 한 명의 그리스도교인만
이 존재했다. 그리고 그는 십자가에서 죽었다. '복음'도 십자가에
서 **죽었다**. 이 순간 이래로 '복음'이라고 불리는 것은 **그가** 살았던
삶과는 이미 정반대의 것이었다. 즉 그것은 '**나쁜 소식**', 즉 **화음**(禍
音, Dysangelium)이었다. 하나의 '신앙'을 갖는다는 것, 즉 그리스도
를 통해 구원받으리라는 신앙을 그리스도교인의 징표로 보는 것
은 터무니없이 잘못된 일이 아닐 수 없다. 그리스도적인 **실천**, 십
자가에서 죽은 자가 **살았던** 것과 같은 삶만이 그리스도교적인 것
이다. …… 오늘날에도 **그러한** 삶은 가능하다. **어떤 특정한** 사람들
에게는 필요하기까지 하다. 진정한 원시그리스도교는 어느 시대에
나 가능한 것이다. …… 그것은 신앙이 **아니라** 하나의 행위, 특히
많은 것을 행하지 **않는** 것, 어떤 다른 **존재 상태**(ein andres Sein)다.
…… 심리학자라면 누구나 다 아는 것이지만, 의식의 여러 상태나
무엇인가에 대한 믿음, 이를테면 어떤 것이 참되다고 여기는 것 —

그것들은 본능의 가치에 비하면 전혀 중요하지도 대수롭지도 않은 것들이다. 좀 더 엄밀히 말하자면, 정신적인[의식적인] 것을 원인으로 간주하는 모든 개념은 허위다. 그리스도교인이라는 것, 그리고 그리스도교적인 것을 '어떤 것을 참되다고 여기는 것', 즉 의식의 어떤 단순한 현상으로 환원하는 것은 그리스도교적인 것을 부정하는 것이 된다. **사실 그리스도교인은 지금까지 단 한 사람도 존재하지 않았다.** '그리스도교인'이라는 것, 2,000년 전부터 그리스도교인이라고 불려온 것은 심리적인 자기 오해에 불과했다. 좀 더 면밀히 살펴보면, 소위 그리스도교인을 지배했던 것은, 그의 모든 '신앙'에도 불구하고 실은 본능에 불과했던 것이다. ─ **그것은 어떤 본능이었던가!** '신앙'이란 루터의 경우를 보더라도 어느 시대에나 하나의 덮개, 하나의 구실, 하나의 **장막**에 불과했다. 그리고 그 뒤에서는 본능이 작용하고 있었다. ─ 신앙이란 **어떤 특정한** 본능들이 지배하고 있다는 사실을 가리려는 교활한 **눈가림**이었던 것이다. ……
'신앙' ─ 나는 이미 그것을 진정한 그리스도교적 **교활함**이라고 부른 적이 있다. …… 사람들은 입으로는 항상 신앙을 이야기하면서도 사실은 항상 본능대로 **행동해왔다.** …… 그리스도교인의 표상 세계 안에는 현실과 접촉이라도 하고 있는 것이 아무것도 없다. 도리어 우리는 모든 현실에 대한 본능적인 적대 속에서 [그리스도교인을] 추동하는 요소를, 즉 그리스도교의 뿌리 속에 깃들어 있으면서 [그리스도교인을] 추동하는 유일한 요소를 발견한다. 이러한 사실로부터 어떤 결론이 따라 나오는가? 이러한 심리학적인 일에 있어서도 오류가 근본적이라는 것. 다시 말해 오류가 본질을 규정한다는 것, 즉 **실체**라는 것이다. 여기서 **단 하나의** 개념을 제거하고 그 자리에 단 하나의 현실을 갖다놓기만 해도 — 그리스도교는 무가 되어버린다! — 그지없이 기이한 이 사실, 다시 말해 오류에 의해서 결정될 뿐만 아니라 해롭고 삶과 마음에 독을 타는 오류들을 만들어내는 것에**만** 재간이 있고 심지어는 천재적인 종교, 이 종교는 높은 관점에서 볼 때는 여전히 **신들을 위한 하나의 구경거리**로 남아 있다.[86] — 그러니까 철학자이기도 한 신들, 이를테면 내가 낙소스 섬에서 저 유명한 대화를 함께 나누었던 신들을 위한 구경거리로 남아 있다.[87] 그들에게서(**그리고** 우리에게서) **역겨움**이 사라질 때 그들은 그리스도교인이 보여준 구경거리를 고맙게 생각하게 된다. 왜냐하면 지구라고 불리는 먼 슬픈 작은 별이 신의 눈길과 신의 관

---

86) 이 경우 신들은 그리스도교의 신처럼 인간의 역사에 참여하는 신이 아니라 아리스토텔레스에서처럼 자신에 대한 관상(觀想)에 빠져 있는 신들, 즉 철학하는 신들이다. 니체는 이러한 신들도 극복하기 어려운 것은 권태인데, 그리스도교가 이러한 신들을 권태에서 벗어나게 해주는 흥미로운 구경거리가 되고 있다고 말하고 있다.

87) 낙소스(Naxos) 섬은 테세우스가 아드리아드네를 버린 섬이다. 이때 디오니소스는 아드리아드네를 가엾게 여겨 자신의 아내로 삼았다. 여기서 '철학자이기도 한 신'으로 니체는 디오니소스 같은 신을 염두에 두었다고 할 수 있다. 니체는 여기서 자신이 그 신들을 만나 대화를 나누었다고 말하고 있는데, 이는 자신이 십자가에 못 박힌 신 예수가 아니라 디오니소스를 따르고 있다는 사실을 시사하는 것이다.

심을 받을 만하다면 그것은 오직 호기심을 끌 만한 **이것** 덕분일 터이기 때문이다. …… 그러니 그리스도교인을 경시하지 말자. **순진하리만큼** 허위적인 그리스도교인은 원숭이를 훨씬 능가한다. ― 그리스도교인에 관한 한 인류의 기원에 대한 그 유명한 이론도 한낱 애교가 되고 만다.[88] ……

40.

복음의 운명은 죽음과 함께 결정되었다. ― 그것은 십자가에 매달렸다. …… 바로 그 죽음, 뜻밖의 그 부끄러운 죽음, 대개 천민들에게만 사용되었던 바로 그 십자가 ― 바로 그 끔찍한 역설이 제자들을 '저 사람은 누구였을까? 저것은 무엇이었을까?'하는 진정한 수수께끼에 직면하게 했다. ― 뒤흔들리고 마음속 저 깊은 곳까지 모욕을 당한 느낌, 그리고 그들의 대의명분이 그러한 죽음에 의해 **반박된** 것은 아닐까 하는 의혹, '왜 하필 그렇게 되어야만 했던가?'라는 그 끔찍한 의문 부호. ― 그러한 상태는 충분히 이해되고

---

88) 인류가 원숭이에서 진화한 동물로 보는 다윈의 진화론으로는 허구적인 신과 피안이라는 허구적인 세계를 창조하고 그것들을 진정한 실재로 간주하는 그리스도교인을 설명할 수 없다는 의미다. 니체는 어떠한 동물도 생의 본능에 반하는 생을 살지 않는데 그리스도교인은 생의 본능과 생을 억압하는 방식으로 살 수 있으므로 원숭이와는 본질적으로 다르다고 말하고 있는 것이다. 그 때문에 그리스도교인에 관한 한 인류의 기원에 대한 다윈의 이론은 한갓 애교에 불과하다는 것이다.

도 남는다. 이 경우 모든 것은 필연적이고 의미 있고 합리적이어야 **했다**. 다시 말해 최대한 합리적이어야 했다. 제자의 사랑은 우연적인 것은 아무것도 인정할 수 없기 때문이다. 그러고 나니까 비로소 틈이 생겼다. '**누가** 그를 죽였는가? **누가** 그의 철천지원수였나?' ─ 하는 물음이 번개처럼 떠올랐다. 대답은, 당시 **지배하고 있던** 유대교, 그것의 최상위 계급이다. 이렇게 예수를 죽인 자를 유대교와 그것의 최상위 계급이라고 생각하게 된 순간부터 사람들은 자신이 기존의 사회 **질서에 대항하여 봉기를 하고 있다**고 느꼈다. 그 후 그들은 예수도 기존의 사회 질서에 대항하여 봉기를 일으킨 자로서 이해하였다. 그때까지의 예수의 모습에는 그렇게 호전적 특징, 다시 말해 말과 행동으로 [기존의 사회 질서를] 부정하는 특징은 **없었다**. 오히려 그러한 특징이란 예수의 참된 특징과는 정반대되는 것이었다. 분명 그 작은 공동체는 예수의 가르침의 요체를 제대로 이해하지 **못하고** 있었다. 그가 죽어간 방식이 보여주는 모범적 요소, 모든 원한 감정**으로부터의** 해방, 그리고 그것으로부터의 초월을. ─ 이것이야말로 그들이 그를 전혀 이해하지 못했다는 사실을 보여주는 표시다! 예수 자신은 죽음과 함께 자신의 가르침을 가장 강력하게 시험하면서 그것을 공공연하게 **증명하는 것** 외에는 아무것도 바랄 수 없었다. …… 그런데 그의 제자들은 이러한 죽음을 결코 **용서해줄 수** 없었다. ─ 용서하는 것이야말로 최고의 의미에서 복음적인 것이었을 텐데도 말이다. 그들이 부드럽고 기분 좋은 평온한 마음으로 자신을 그러한 죽음에 **바치지** 못했던 것은 말할 나위도 없다. ······ 다름 아닌 가장 비복음적인 감정, 복수심이 다시 머리를 들고 일어났다. 그러한 죽음으로 일이 끝날 수는 없었다. 사람들은 '보복'과 '심판'을 요구했다.(그러나 '보복' '벌' '심판'보다 더 비복음적인 것이 있을까!) 메시아에 대한 민중의 기대가 다시 한 번 전면으로 부각되었다. 어떤 역사적 순간이 주목되었다. '하느님의 나라'가 적을 심판하러 오는 역사적 순간이 말이다. ······ 그러나 그와 함께 모든 것이 오해되어버렸다. '하느님의 나라'가 마지막 막(幕)이요, 하나의 약속이라니! 복음이란 바로 그 '나라'가 현존하고 이미 이루어져 있으며 **실재한다는 것**이었다. 그와 같은 죽음이야말로[89] 바로 이러한 '하느님의 나라**'였던** 것이다. 사람들은 바리새인과 신학자에 대한 모든 경멸감과 반감을 스승의 모습에 투영하였다. ─ 그리하여 사람들은 그를 한낱 바리새인으로, 신학자로 **만들어버렸다!** 그런데 한편으로 이처럼 완전히 절도를 잃어버린 영혼들의 광포해진 숭배심은, 모든 사람이 똑같이 신의 아들이라는 예수가 가르친 복음의 저 평등관을 견딜 수 없었다. 그들이 취한 복수는 예수를 터무니없이 **격상하여** 그를 자기들과 분리하는 것이었다. 마치 전에 유대인이 적에게 복수할 때 자신들의 신을 자신들과 분리하여 높이 격상하였듯이 말이다. **유일**신과 **독**생자. 그

___
89) 자신을 죽인 자들에 대해서 아무런 원한도 증오도 품지 않은 예수의 죽음을 가리킨다.

두 가지 모두 원한의 산물이다. ……

41.

그러고 나서 이제 '신이 어떻게 그러한 일을 허용할 **수 있었을까?**'라는 터무니없는 물음이 대두되었다. 그러한 물음에 대해 그 작은 공동체의 혼란스러워진 이성은 정말이지 끔찍하리만큼 터무니없는 대답을 발견했다. 신이 인간의 죄를 용서해주기 위해 자신의 아들을 **희생물**로 보냈다는 것이다. 복음은 단번에 끝장이 나버렸다! **죄에 대한 희생**이라니, 더구나 죄에 대한 그러한 희생이 가장 역겹고 가장 야만적인 형식으로 나타나다니! 죄 있는 자들의 죄 때문에 **죄 없는 자**가 희생이 된다니! 이 얼마나 소름끼치는 이교(異敎)적 사상인가! ― 예수는 '죄'라는 개념 자체를 폐기했다. ― 그는 신과 인간 사이에 존재하는 어떠한 간극도 부정했으며 신과 인간의 이러한 통일을 **자신의** '기쁜 소식'으로 삼고 **살았다.** …… 그리고 그는 그러한 통일을 자신의 특권으로 생각하지 **않았다!** ― 그때부터 구세주라는 유형 속으로 심판과 재림의 교리, 그의 죽음이 희생이라는 교리, **부활**의 교리가 점차적으로 들어왔다. 부활의 교리와 함께, 복음이 말하는 현실의 전체이자 유일한 현실인 '지복'이란 개념이 전부 제거되어버렸다. ― 죽음 **이후의** 상태를 위해서 말이다. …… 바울은 모든 면에서 그의 특징을 잘 나타내는 그 율법학자다운 **파렴치함**으로 이러한 견해, 즉 억지스럽기 짝이 없는 견해를 다음과 같은 방식으로 합리화했다. "그리스도께서 죽은 자들 가운데서 다시 살아나시지 않았다**면** 우리의 믿음은 헛된 것이다."[90] ― 순식간에 복음은, 이루어질 수 없는 모든 약속들 가운데서도 가장 경멸스러운 약속인 개인의 불사에 대한 **파렴치한** 교리가 되고 말았다. …… 바울 자신은 개인의 불사를 [신앙에 대한] **보상**이라고 가르치기까지 했다! ……

42.

십자가에서의 죽음과 함께 끝나버린 것이 **무엇**이었는지 우리는 알고 있다. 일종의 불교적 평화운동을 위한 새롭고도 전적으로 근원적인 단초, 다시 말해 단순히 약속된 것만은 아닌 **지상에서의** 사실적인 **행복**을 위한 새롭고도 전적으로 근원적인 단초가 끝나버린 것이다. 왜냐하면 내가 이미 강조했듯이, 이것이 두 가지 데카당한 종교들 간의 근본적인 차이로 남아 있기 때문이다. 불교는 아무런 약속도 하지 않지만 그것을 지키는 반면, 그리스도교는 모든 것을 약속하고서도 **하나도 지키지 않는다.** ― '기쁜 소식'의 뒤를 이어 곧바로 **가장 나쁜 소식**이 왔다. 바울의 소식이 그것이다. 바울

---

90) 고린도 전서, 15장 14절~17절 참조.

은 '기쁜 소식의 전달자'와는 정반대의 유형을 구현하고 있다. 그는 증오와, 증오의 환상과 증오의 냉혹한 논리를 만들어내는 데 천재였다. 그 나쁜 소식의 전달자가 자신의 증오의 희생물로 삼은 것은 무엇이었던가? 무엇보다도 구세주였다. 그는 **자신의** 십자가에 구세주를 못 박아버렸다. 증오에 사로잡힌 이 화폐위조자가 예수의 삶과 모범, 가르침과 죽음, 그리고 복음 전체의 의미와 정당성을 자신이 이용할 수 있는 것으로 만들어버렸을 때 그것들 중 아무것도 살아남지 못했다. 실재도, 역사적 진리도 **남아 있지 않았다!** …… 그리고 유대인의 사제적 본능은 역사에 대해 다시 한 번 동일한 대범죄를 저질렀다. — 그는 그리스도교의 어제와 그 이전의 날을 완전히 지워버리고 스스로 **초대 그리스도교의 역사를 만들어냈다.** 그뿐 아니다. 그는 이스라엘의 역사가 **그의** 행위를 위한 전사(前史)로 보이게끔 왜곡했다. 모든 예언자들이 **그의** '구세주'에 대해 이야기하도록 만들어놓았다. …… 나중에 교회는 인류의 역사까지도 그리스도교의 전사로 날조하고 말았다. …… 구세주의 유형, 가르침, 실천, 죽음, 죽음의 의미, 심지어는 죽음 이후의 일까지 — 어느 것도 그냥 둔 것이 없었다. 현실의 모습을 조금이라도 닮은 것이면 아무것도 그냥 두지 않았다. 바울은 존재 전체의 중심을 존재의 **배후로** 송두리째 옮겨놓아버렸다. — '부활한' 예수에 관한 **거짓말** 속으로 말이다. 근본적으로 그는 구세주의 삶을 필요로 하지 않았다. — 그는 십자가에서의 죽음을 **그리고** 그 이상의 어떤 것을 필요로 했다. …… 스토아적 계몽의 중심지에서 태어난 바울 같은 사람이[91] 구세주가 **아직도** 살아 있다는 **증거**로서 어떤 환영을 꾸며낼 때, 그 같은 사람을 정직하다고 보거나 그러한 환영을 보았다는 그의 이야기만이라도 믿는다는 것은, 심리학자의 관점에서 보면 정말 어리석은 일이 아닐 수 없다. 바울은 원하는 목적이 있었고, **그에 따라** 수단도 원했다. …… 그 자신은 믿지 않았던 것을 **그의** 가르침을 받았던 바보들은 믿었다. ─ **그가** 필요로 했던 것은 **권력**이었다. 바울과 함께 사제는 권력을 추구했던 것이다. ─ 그는 대중을 마음대로 지배하고 가축으로 만들 수 있는 개념과 가르침과 상징만을 이용할 수 있었다. 나중에 마호메트가 그리스도교로부터 빌린 단 하나의 것은 무엇이었던가? 그것은 바울이 사제에 의한 전제적 지배를 확립하고 사람들을 가축으로 만들기 위해 생각해냈던 수단, 곧 불사에 대한 믿음이었다. ─ 곧 **'심판'에 대한 교리였다.** ……

43.

삶의 중심을 삶 안에 두지 **않고** 그것을 '피안'으로 ─ **무**(無) 속으로 ─ 옮겨놓는다면, 삶으로부터 중심을 박탈하는 것이 되고 만다.

---

91) 바울의 고향인 타루소에는 유명한 스토아학파의 학교가 있었다.

개인의 불사에 관한 그 엄청난 거짓말은 본능에 깃들어 있는 모든 이성, 모든 자연을 파괴시키는 것이다. ─ 본능 가운데 있는 유익한 모든 것, 삶을 증진시키는 모든 것, 미래를 보장해주는 모든 것이 이제 불신을 일으킨다. 그래서 사는 것은 더 이상 아무런 **의미**도 없다는 식으로 사는 **것이** 이제 인생의 '의미'가 되고 만다. …… 공공심이 무슨 필요가 있는가? 집안과 선조에 대한 감사가 무슨 필요가 있는가? 협동하고 신뢰하며, 전체의 복지를 증진하고 염두에 두는 것은 무슨 소용이 있는가? …… 그 모든 것이 '유혹'이요 '올바른 길'로부터의 이탈이다. ─ '필요한 것은 **오직 한 가지뿐**이다.'[92] …… 모든 사람은 '불사의 영혼'으로서 서로 평등하다는 것, 존재 전체에서 **모든** 개개인의 구원이 영원한 중요성을 갖는다고 주장될 수 있다는 것, 보잘것없는 위선자들과 미치광이가 다된 자들이 자신을 위해 자연법칙들이 항상 **파괴되고** 있다고 상상해도 된다는 것, ─ 온갖 이기주의가 그처럼 무한한 지경에까지 그리고 그처럼 **파렴치한 지경에까지** 이른다는 것에 대해서는 경멸의 낙인을 아무리 많이 찍어도 지나치지 않을 것이다. 그럼에도 지금 그리스도교가 **승리**를 거두고 있는 것은 그것이 개인적 허영심에 **위와 같이** 가련한 아첨을 떨고 있기 때문이다. ─ 그와 같은 방식으로 그리스도교는 온갖 실패한 자, 반항적인 성향을 가진 자, 불운

---

92) 누가복음 10장 42절.

한 자, 인류의 온갖 배설물과 쓰레기를 자기편으로 끌어들였던 것이다. '영혼의 구원' — 더 쉽게 말하면, '세계는 **나**를 중심으로 돈다'는 발상, …… '만인이 **평등한** 권리를 갖는다'는 교설의 독(毒) — 그리스도교는 이것을 가장 철저하게 전파했다. 저열한 충동들의 가장 은밀한 구석에서 그리스도교는 인간과 인간 사이에 존재하는 모든 경외심 및 거리감과, 다시 말해 문화의 모든 고양 및 성장을 위한 **전제조건**과 필사적으로 사투를 벌여왔다. — 그리스도교는 대중의 원한을, **우리와** 고귀하고 기쁨에 차 있고 드높은 정신을 가진 지상의 모든 것 그리고 지상에서의 우리의 행복에 대항하는 **주요한 무기**로 만들었다. …… 베드로나 바울과 같은 사람들 모두에게 주어졌다는 '불멸성'은 **고귀한** 인간성에 가해져왔던 그 어떠한 폭행보다 가장 악랄한 폭행이었다. — **그리고** 우리는 그리스도교로부터 정치에까지 은밀히 스며들어간 숙명적인 불행을 경시해서는 안 될 것이다! 오늘날은 특권이나 지배할 권리를 요구하는 용기를 가진 사람이 아무도 없으며 자신과 동류의 인간들을 경외하고[93] — **거리의 파토스**[94]를 느낄 수 있는 용기를 가진 사람이 없다. …… 이러한 용기가 존재하지 않기 때문에 우리의 정치는 **병들어 있다**!

93) 자신과 동등한 수준의 고귀한 친구들을 경외한다는 의미다.
94) 거리의 파토스란 자신을 탁월한 존재로 고양함으로써 다른 인간들과의 거리를 벌리려는 열정을 가리킨다. 니체는 인류가 자신을 극복하면서 위대한 문화를 낳을 수 있었던 것은 바로 거리의 파토스 덕분이라고 본다.

— 귀족주의적 심정은, 모든 영혼이 평등하다는 기만에 의해 가장 철저하게 전복되고 말았다. 그리고 만약 '다수의 특권'에 대한 믿음이 혁명을 일으키고, 또 계속 혁명을 **일으켜나갈 것이라면**, — 모든 혁명을 오직 피와 범죄로 뒤바꿔놓는 것은 의심할 여지없이 그리스도교일 것이며 **그리스도교적** 가치판단일 것이다. 그리스도교는 **드높은** 모든 것에 대해서 땅을 기어다니는 모든 것이 일으킨 반란이다. '천한' 자들의 복음은 사람을 천하게 **만든다.** ……

44.

복음서들은 최초의 그리스도교 집단 **내부의** 타락이 그 당시 이미 저지할 수 없을 지경이었다는 사실을 보여주는 증거라는 점에서 비할 바 없는 가치를 지니고 있다. 바울이 나중에 율법학자 특유의 냉소적 논리로 궁극에까지 밀고나간 것은 구세주 죽음과 더불어 시작된 타락의 과정에 지나지 않았다. — 이 복음서들은 아무리 주의해서 읽는다 해도 지나치지 않다. 한 마디 한 마디에 다 난점이 숨어 있기 때문이다. 그러나 바로 그 때문에 심리학자에게는 그것들이 — 모든 종류의 소박한 타락에 **정반대되는 것**으로서, 특히 간계로서, 심리적 타락의 걸작으로서 — 최고의 즐거움이 된다는 사실을 고백하니 용서하기 바란다. 복음서들은 단연 독특하다. 성경 전체와 비견할 만한 것은 존재하지 않는다. 우리는 유대인들 가운데 있다. 이 점이야말로, 우리가 문제의 실마리를 완전히 잃어버리지 않기 위해서 염두에 두어야만 하는 **첫 번째** 시점(視點)이다. 어떠한 책이나 사람도 그것에 근접하지 못했을 정도로 자신을 '성스러운 것'으로 위장하는 천재적인 재능, **예술**이라 부를 수 있을 정도로 말과 몸짓을 위조하는 것은 어떤 개인의 재능이나 어떤 예외적인 천품에서 우연히 비롯된 것이 아니다. 그것에는 **종족**이 관여하고 있다. 성스럽게 거짓말을 하는 기술로서의 그리스도교를 통해 수백 년 동안 더없이 진지하게 추구된 훈련과 테크닉으로서의 유대주의의 모든 것이 최후의 원숙함에 도달하고 있다. 그리스도교인, 이 철저한 거짓말쟁이는 곱절로 유대인이며 — 심지어는 **세** 곱절로 유대인이다. ······ 사제의 실천에 의해 입증된 개념과 상징과 태도만 받아들이려는 근본적인 의지, 그것과 **다른** 모든 실천에 대한 본능적인 거부, 가치와 유용성에 대한 **다른** 모든 관점에 대한 본능적 거부 — 이것들은 단순히 전통이 아니라 **유산**(遺產)이다. 유산으로서만 그것은 마치 자연처럼 작용하는 것이다. 인류 전체가, 심지어는 가장 훌륭한 시대의 가장 훌륭한 두뇌들마저(인간이 아니고 괴물일지도 모르는 한 사람만을[95] 제외하고) 기만당하여왔다. 사람들은 복음서를 **천진무구한 책**으로 읽어왔던 것이다. ······ 이것이야말로 그곳에서 얼마만큼 대가적인 솜씨로 기만이 행해졌

---

95) 이 경우 '한 사람'은 니체를 가리키는 것 같다.

는지를 보여주는 뚜렷한 징표다. — 물론 우리가 슬쩍이라도 그들을, 즉 그 모든 기이한 위선자들과 인위적인 성자들을 **직시한다면** 그것으로 그들은 끝장이 나고 말 것이다. — **내가 그들을 끝장내고 마는 것도** 다른 이유에서가 아니다. 그것은 **내가** [그들의] 어떤 말한 마디를 읽을 경우에 반드시 어떤 몸짓도 보게 되기 때문이다. ······ 그들은 도저히 견딜 수 없는 방식으로 눈을 하늘로 치켜올린다.[96] — 다행히 책이란 대부분의 사람들에게는 **문헌**에 불과하다. — 우리는 현혹되어서는 안 된다. 그들은 '심판하지 말라'[97]고 말하면서도 자신들을 방해하는 것은 어떤 것이든 모두 지옥으로 보내버린다. 그들은 신으로 하여금 심판하게 하면서 자신들이 심판을 한다. 그들은 신을 찬미하면서 자신들을 찬미한다. 그들은 자신의 능력에 미치는 미덕만을 **요구하면서도** — 그뿐 아니라 자기들이 우위를 지키는 데 필요한 미덕만을 요구하면서도 — 덕 자체를 위하여 싸우는 듯, 덕 자체의 승리를 위해 투쟁하는 듯 대단한 티를 낸다. '우리는 **선을 위해**('진리'를, '빛'을, '하느님의 나라'를 위해) 살고 죽으며 우리 자신을 희생한다'는 것이다. 그런데 사실 그들은 자신이 하지 않을 수 없는 일을 하고 있을 뿐이다. 그들은 위선자가 하는 식으로 구석진 데 웅크리고 앉아 그늘 아래서 그림자처럼 살

---

96) '눈을 하늘로 치켜올린다는 것'은 자신의 말이 하늘에 계시는 신의 말씀을 전하는 것이라고 여긴다는 의미다.
97) 마태복음 7장 1절, 누가복음 6장 37절 참조.

며, 그렇게 사는 것을 **의무**로 삼고 있다. 그들의 겸허한 삶은 의무로 나타나며, 그러한 겸허로서 그들의 삶은 오히려 신앙심에 대한 하나의 증거라는 것이다. …… 아, 이 겸허하고 정결하고 자비심 많은 기만이여! '우리에게는 덕 자체가 증인이 되어야 한다'는 것이다. …… 사람들은 복음서란 **도덕**으로 사람을 유혹하는 책이라는 것을 알고 읽어야 한다. 도덕은 이 비소(卑小)한 인간들에 의해서 차압당했다. — 그들은 도덕을 어디다 써먹을지 알고 있다! 인류는 도덕에 의해서 가장 잘 **우롱당한**다는 것을! — 실은 이 경우, **자신들이야말로 선민이라는** 가장 의식적인 **오만**이 자신을 겸허로 가장하고 있다. 사람들은 **자신을**, 자신의 '공동체'를, '선하고 의로운 자들'을 단연 한 편에, 즉 '진리'의 편에 놓고 나머지를, 즉 '이 세계'를 반대편에 두었다. …… **이것이야말로** 이제까지 지상에 존재했던 것 중에서 가장 큰 재앙을 불러온 과대망상이었다. 보잘것없는 기형아인 위선자와 거짓말쟁이들이 자신을 '이 세계'와 구별하기 위해서 '신' '진리' '빛' '사랑' '지혜' '생명'과 같은 개념을 주장하기 시작했다. 그것들이 마치 자신들과 동의어나 되는 듯이 말이다. 각종 정신병원에 수용되었어야 마땅할 그 보잘것없는 최상급의 유대인들은 '그리스도교인'만이 세상의 의미이고, 소금이며, 척도이고, **최고 법정**인 것처럼 모든 가치를 자신들에 맞게 왜곡하였다. …… 그 모든 재앙은 [그리스도교인들의 과대망상과] 친연성(親緣性)이 있고 종족 면에서도 근친관계에 있는 **유대적인** 과대망상이 그 이전에도 세상에 존재했기 때문에 가능했다. 유대인과 유대 그리스도교인 사이의 간극이 일단 입을 벌렸을 때, 후자는 유대적인 본능이 권하는 자기 보존의 방책을 유대인**을 상대로** 사용할 수밖에 없었다. 그 유대인들이 그때까지 **비**유대인적인 모든 것에 대해서 그러한 방책을 사용했던 반면에 말이다. 그리스도교인이란 '보다 자유로운' 신조를 지닌 유대인에 불과할 뿐이다.

45.

나는 이 비소한 사람들이 자신의 머릿속에 집어넣었던 것, 자신들의 스승의 **입으로 말하게 했던** 것 중에서 몇 가지 예를 들어 보겠다. 이것들은 순전히 '아름다운 영혼들'의 고백이다.

"그러나 너희를 환영하지 않거나 너희의 말을 듣지 않는 고장이 있거든 그곳을 떠나면서 그들에게 경고하는 표시로 너희의 발에서 먼지를 털어버려라. 나는 분명히 말한다. 심판의 날이 오면 소돔과 고모라가 오히려 그 도시보다 가벼운 벌을 받을 것이다."(마가복음 4장 11절)[98] — 얼마나 **복음적인가**! ……

"또 나를 믿는 보잘것없는 사람들 가운데 하나라도 실족(失足)하게 하면 사람은 그 목에 연자 맷돌을 달고 바다에 던져지는 편이 오

---

98) 이 말의 정확한 출처는 마태복음 10장 14절이다.

히려 나을 것이다."(마가복음 9장 42절) — 얼마나 **복음적인가**! ……

"또 눈이 죄를 짓게 하거든 그 눈을 빼어버려라. 두 눈을 가지고 지옥에 들어가는 것보다는 애꾸눈이 되더라도 하느님 나라에 들어가는 편이 나을 것이다. 지옥에서는 그들을 파먹는 구더기도 죽지 않고 불도 꺼지지 않는다."(마가복음 9장 47절) — 여기에서 염두에 두고 있는 것은 반드시 눈만은 아니다. ……

"내가 진실로 너희에게 이르노니. 여기 서 있는 사람들 중에서 죽기 전에 하느님 나라가 권능으로 임하는 것을 볼 자들도 있다." (마가복음 9장 1절) — **참 그럴싸한 거짓말이다**, 사자여…….[99]

"나를 따르려는 사람은 누구든지 자기를 버리고 자신의 십자가를 지고 따라야 한다. **왜냐하면**……."(**한 심리학자의 소견**: 그리스도교 도덕은 그들의 이러한 '왜냐하면'에 의해 논박된다. 그러한 근거들이 논박하는 것이다. — 그리스도교적이란 바로 그러한 것이다.)(마가복음 8장 34절)[100]

"남을 심판하지 말라. **그러면** 너희도 심판받지 않을 것이다. 남

---

99) 셰익스피어의 『한여름 밤의 꿈』 제5막 1장의 구절 "Well roared lion"을 이용한 말장난으로, 니체의 이 글에서 사자는 마가를 가리킨다. "Well roared lion"이라는 말은 곧잘 거짓스런 말과 함께 인용되고는 한다.
100) 그리스도교가 자신의 가르침에 대한 근거로서 제시하는 것들이 원한과 차안에 대한 무시에 입각해 있으면서 사실은 아무것도 설명하지 못하는 거짓된 근거이기 때문에, 그러한 근거들 자체에 의해서 그리스도교의 가르침은 논박당한다는 의미. Sommer, 앞의 책, 429쪽 참조.

을 저울질하는 대로 **너희도** 저울질당할 것이다."(마태복음 7장 1절)
— 얼마나 그럴싸한 공정의 개념이고 '올바른' 심판자의 개념인가!
……

"너희가 자기를 사랑하는 사람들만 사랑한다면 **무슨 상이 있겠느냐**? 세리들도 그만큼은 하지 않느냐? 또 너희가 자기 형제들에게만 인사를 한다면 **남보다 나은 것이 무엇이냐**? 세리들도 그만큼은 하지 않느냐?"(마태복음 5장 46절) — '그리스도교적 사랑'의 원리. 그것은 **상을** 후하게 **받기를** 원한다.

"**너희가** 남의 잘못을 용서하지 않으면 아버지께서도 너희의 잘못을 용서하지 않으실 것이다."(마태복음 6장 15절) — 그 '아버지'라는 분의 위신을 무척 떨어뜨리고 있다. ……

"너희는 먼저 하느님의 나라와 하느님께서 의롭게 여기시는 것을 구하여라. 그러면 이 모든 것도 곁들여 받게 될 것이다."(마태복음 6장 33절) — 이 모든 것이란 먹을 것, 입을 것, 모든 생활필수품을 말한다. 겸손하게 말해서 이것은 하나의 **오류**다. …… 조금 전에[101] 신은, 적어도 어떤 상황하에서는, 옷 만드는 자로 나타난다.
……

---

101) 마태복음 6장 28~30절을 가리킨다. "너희가 어찌 의복을 위하여 염려하느냐. 들의 백합화가 어떻게 자라는가 생각해보라. 수고도 하지 않고 길쌈도 하지 않으니라. 그러나 내가 너희에게 말하노니 솔로몬의 모든 영광으로도 입은 것이 이 꽃 하나만 같지 못하였느니라. 오늘 있다가 내일 아궁이에 던져지는 들풀도 하느님이 이렇게 입히시거늘 하물며 너희일까보냐, 믿음이 적은 자들아."

"그때에 너희는 기뻐하고 즐거워하라. 보라, 하늘에서 너희가 받을 상이 클 것**이다**. 너희의 조상들도 예언자들을 그렇게 대하셨다."(누가복음 6장 23절) ― **파렴치한** 천민들! 그들은 벌써 자신을 예언자와 비교하고 있다. ……

"여러분은 자신이 하느님의 성전이며 하느님의 성령께서 자기 안에 살아 계시다는 것을 모르십니까? 만일 누구든지 하느님의 성전을 파괴하면 **하느님께서도 그 사람을 멸망시킬 것입니다**. 하느님의 성전은 거룩하며 **여러분 자신이 바로 하느님의 성전이기** 때문입니다."(고린도전서 3장 16절) ― 이러한 말은 아무리 경멸해도 지나치지 않을 것이다. ……

"여러분은 성도들이 세상을 심판하게 되리라는 것을 모르십니까? 온 세상을 심판하게 될 **여러분**이 지극히 작은 사건들조차도 심판할 능력이 없다는 말입니까?"(고린도전서 6장 2절) ― 불행하게도 이 말은 어떤 미치광이의 헛소리가 아니다. …… 그 **끔찍한 사기꾼**은 계속해서 말한다. "우리가 천사들까지도 심판하게 되리라는 것을 모르십니까? 그런 우리가 이 세상에 속한 사소한 사건을 심판할 수 없겠습니까?" ……

"하느님께서 이 세상의 지혜가 어리석다는 것을 보여주시지 않았습니까? 세상은 자기 지혜로는 하느님을 알 수 없습니다. 이것이 하느님의 지혜로운 경륜입니다. 그래서 하느님께서는 우리가 전하는 소위 어리석다는 복음을 통해서 믿는 사람들을 구원하시기로 작정하셨습니다. 여러분이 하느님의 부르심을 받았을 때의 일을 생각해보십시오. 세속적인 견지에서 볼 때 여러분 중에 지혜로운 사람, 유력한 사람, 또는 가문이 좋은 사람이 과연 몇이나 있겠습니까? 그런데 하느님께서는 지혜롭다는 자들을 부끄럽게 하시려고 **이 세상의 어리석은 사람들을 택하셨으며**, 강하다는 자들을 부끄럽게 하시려고 이 세상의 약한 자들을 택하셨습니다. 또 유력한 자들을 무력하게 하시려고 세상에서 보잘것없는 자와 멸시받는 자, 곧 아무것도 아닌 자들을 택하셨습니다. 그러니 인간으로서는 아무도 하느님 앞에서 자랑할 수 없다는 말입니다."(고린도전서 1장 20절 이하) — 모든 찬달라적 도덕의 심리에 관한 최상급 증거인 이 구절을 **이해하려면** 내 『도덕의 계보』의 첫 번째 논문을 읽어야 할 것이다. 거기에는 원한 및 무력한 복수심이 낳은 찬달라적 도덕과 **고귀한** 도덕의 대립이 최초로 선명하게 밝혀져 있다. 바울은 복수의 모든 사도 중에서 최대의 거물이었다. ……

46.

이 모든 것으로부터 따라 나오는 결론은 무엇인가? 신약성서를 읽을 때는 장갑을 끼는 게 좋다는 것이다. 그처럼 불결한 것을 가까이 하고 있으니 그러지 않을 수 없는 것이다. 폴란드계 유대인도 그렇지만 우리는 '최초의 그리스도교인들'과도 어울리고 싶지 않다. 그렇다고 해서 그들이 왜 싫은지에 대해서 이유를 한 가지라도 댈 필요는 없다. …… 그들은 둘 다 별로 좋지 않은 냄새를 풍기는 것이다. ― 지금까지 나는 신약성서에서 단 한 가지라도 공감이 가는 구석을 찾아보려고 했지만 허사였다. 그곳에는 자유롭다거나, 너그럽다거나, 허심탄회하다거나, 정직한 데가 한군데도 없다. 거기에는 인간적인 점이란 싹조차도 보이지 않는다. ― **순수함**의 본능이 결여되어 있다. …… 신약성서에는 **나쁜** 본능만 있고 그 나쁜 본능에 대한 용기조차 없다. 그 안에 있는 것은 모두 비겁뿐이고, 자기기만과 자기에 대해 눈을 감는 것뿐이다. 신약성서를 읽은 바로 뒤에는 다른 모든 책이 깨끗해 보인다. 가령 바울을 막 읽고 나서 조롱꾼 가운데 최고로 우아하고 명랑하기 그지없는 페트로니우스(Petronius)[102]를 나는 황홀하게 읽었다. 페트로니우스에 대해서는 도메니코 보카치오(Domenico Boccaccio)[103]가 파르마 공작에게 써보낸 편지 중에서 체사레 보르자에 대해 했던 말, 즉 '축제 그 자체(ètutto festo)'라는 말을 그대로 사용해도 좋으리라. ― 그는 불멸의 건강과 불멸의 명랑함 그리고 불멸의 건전함을 지니고 있었던 것이다. …… 그런데 그 비소(卑小)한 위선자들[104]은 중요한 점을 잘못

---

102) 고대 로마의 풍자 작가로서, 당시 사회의 음란한 풍조 등을 거리낌 없이 그린 『사티리콘(*Satyricon*)』이라는 풍속소설의 작가로 추정된다.
103) 『데카메론』으로 유명한 이탈리아의 작가(1313~1375).
104) 초기 그리스도교인들을 가리킨다.

생각하고 있다. 그들은 공격하고 있지만, 그들로부터 공격받는 모든 것은 오히려 공격을 받게 됨으로써 **탁월한 것으로 부각되는 것이다**. '최초의 그리스도교인'이 공격하고 있는 대상은 누가 됐든 그 공격에 의해 결코 더럽혀지지 **않는다**. …… 오히려 '최초의 그리스도교인'들을 적으로 두고 있다는 점이 명예가 된다. 신약성서를 읽을 때는 거기서 잘못 대접받고 있는 것에 대해 예외 없이 애착이 느껴지기 마련이다. — 파렴치한 허풍쟁이들이 '어리석은 설교'로 헛되이 치욕을 주려고 했던 '이 세상의 지혜'에 대해서는 말할 나위도 없다. …… 그런데 율법학자와 바리새인들도 그렇게 공격받음으로써 득을 얻고 있다. 그들도 그처럼 꼴사나운 방식으로 증오를 받을 만큼 무언가 가치가 있었던 게 틀림없다. 위선 — 그것은 '초대 그리스도교인들'의 입에서 **잘 나오던** 비난이었다! — 율법학자와 바리새인들은 결국 **특권층**이었으며 그것으로 [비난받기에] 충분했다. 찬달라적 증오는 더 이상의 이유를 필요로 하지 않는다. '최초의 그리스도교인' — 그리고 혹시 **내가 살아생전에 보게 될지도 모를** '최후의 그리스도교인'도 마찬가지로 — 그는 특권을 가진 모든 것에 대해 가장 저열한 본능과 함께 대항하는 반항자다. — 그는 언제나 **'평등의 권리'**를 위해 살고 투쟁한다. …… 좀 더 자세히 살펴보면 그에게는 선택의 여지가 없다. 누군가 자기 나름대로 '신의 선민'이 되려고 할 경우 — 혹은 '신의 신전' 혹은 '천사의 심판자'가 되고자 할 경우 — 다른 모든 선택의 원리, 이를테면 정직·

정신·남성다움과 긍지·마음의 아름다움과 자유로움에 따른 선택 원리는 다름 아닌 '이 세상'이 되는 것이며 — **악 자체**가 되는 것이다. …… 교훈: '최초의 그리스도교인'의 입에서 나온 모든 말은 거짓말이며 그가 행하는 모든 행동은 일종의 본능적 허위이고 — 그의 모든 가치, 그의 모든 목표는 해롭다. 그러나 그가 싫어하는 자는 **누구**든, 그리고 그가 싫어하는 것은 **무엇이든 가치를 지닌다.** …… 그리스도교인, 특히 그리스도교 사제는 **모든 가치의 기준**이 된다. — 신약성서 전체에 걸쳐서 존경할 수밖에 없는 인물이 **오직 한 사람** 있다는 말을 내가 꼭 덧붙여야 할까? 로마의 총독, 빌라도가 그 사람이다. 유대인들 사이의 송사(訟事)를 **진지하게** 다룬다는 것 — 그로서는 아무래도 그 일이 불가능했을 것이다. 유대인한 사람이 더 있든 없든 무엇이 그리 대수롭단 말인가? …… '진리'라는 말이 자기 앞에서 파렴치하게 잘못 사용되었을 때 이 로마인은 고귀한 조소(嘲笑)와 함께 [신약성서에서] **가치를 지닌** 유일한 표현으로 신약성서를 풍요롭게 했다. — 그것은 바로 신약성서를 비판하고 **완전히 파괴하는 말**이었다. '진리가 무엇이냐!'[105]라는 그 말은. ……

---

105) 예수가 빌라도의 심문에 대해 "나는 오직 진리를 증언하려고 태어났으며 그 때문에 세상에 왔다. 진리 편에 선 사람은 내 말을 귀담아 듣는다"고 말했을 때 빌라도는 "진리란 무엇이냐"고 되물었다. 요한복음 18장 38절.

47.

우리를 [그리스도교인들과] 갈라놓는 것은 우리가 역사에서든 자연계에서든 그리고 자연계의 배후에서든 아무런 신도 발견하지 못한다는 데 있지 않다. — 그것은 지금까지 신으로서 숭배되어왔던 것을 우리가 '신적이지 않고' 가련하고 불합리하고 해로운 것으로 느끼고 있다는 데 있으며, 그것을 단순한 과오가 아니라 **삶에 대한 범죄**라고 느낀다는 데 있다. …… 우리는 [그리스도교의] 신을 신으로 인정하지 않는 것이다. …… 만약 그리스도교인들의 신의 존재가 우리에게 **증명된다**고 해도, 우리는 그 신을 더욱 믿고 싶어하지 않을 것이다. — 정식화해 말하자면 이렇다. 바울이 만들어낸 신은 신에 대한 부정이다. Deus, qualem Paulus creavit, dei negatio. — 그리스도교처럼 어떤 점에서도 현실과 접촉하지 않고, 한 점이라도 현실이 제대로 고려될 경우 곧장 와해되고 마는 종교는 당연히 '이 세상의 지혜', 다시 말해 **과학**과 불구대천의 적이 되지 않을 수 없다. — 정신의 훈련, 지적 양심의 문제에서 투명성과 엄격성, 정신의 고결한 냉정함과 자유에 해독을 끼치고 그것을 비방하고 그것의 평판을 **나쁘게 할 수 있는** 모든 수단을 그리스도교와 같은 종교는 좋다고 할 것이다. 명령으로서의 '신앙'은 과학을 거부하는 것이며 — 사실상 어떠한 대가도 무릅쓰는 거짓말이다. …… 바울은 거짓말이, 즉 '신앙'이 필요하다는 사실을 **이해하고**

있었다. 그리고 교회도 그 후 바울을 이해하게 되었다. — 바울 자신이 만들어낸 저 신, '이 세상의 지혜(좁은 의미로는 모든 미신에 대한 두 가지 큰 적인 문헌학과 의학)'를 '터무니없는 것으로 만드는' 신은 사실상 [이 세상의 지혜를] 그렇게 터무니없는 것으로 만들려 하는 바울 자신의 단호한 **결심**에 지나지 않는다. 자기 자신의 의지를 '신', 즉 토라(Torah)[106]라고 부르는 것 — 그것은 원래 유대적인 것이다. 바울은 '이 세상의 지혜'를 터무니없는 것으로 만들고 싶어한다. 그의 적들은 알렉산드리아 학파[107]의 **훌륭한** 문헌학자와 의사였다. — 그들에 대해 그는 싸움을 걸고 있는 것이다. 사실 문헌학자와 의사라면 **안티크리스트**가 될 수밖에 없다. 왜냐하면 문헌학자라면 소위 '성스러운 책들'의 **이면을** 볼 수 있을 것이고, 의사라면 전형적인 그리스도교인의 생리적 타락의 **이면을** 볼 수 있을 것이기 때문이다. 의사는 [그리스도교를] '치유 불가능한 것'으로 진단하며, 문헌학자는 [성서를] '사기'라고 말할 것이다. ……

---

106) 토라는 헤브라이어로 '가르침'을 의미하며, 일반적으로는 모세의 율법을 가리킨다.

107) 알렉산드리아 학파는 기원전 3세기경부터 알렉산드리아에서 번성한 문예 학파다.

48.

성경의 맨 처음에 나오는 그 유명한 이야기를 제대로 이해한 사람이 있을까? – **과학**에 대해 신이 품었던 엄청난 두려움에 관한 이야기를. …… 이 이야기를 이해한 사람은 지금까지 아무도 없었다. 사제들의 이 특별한 책은 사제들에게 특유한 커다란 내면적 난점과 함께 시작하고 있다. **사제**에게는 오직 **한 가지** 커다란 위험이 있는 것이다. **따라서** 신에게도 오직 **한 가지** 커다란 위험이 있게 된다.

전적으로 '정신'이고, 전적으로 사제이며, 전적으로 완전성인 그 옛 신이 정원을 한가롭게 거닐고 있다. 그는 지금 권태롭다. 신들 역시 권태에 대해서는 무력하다.[108] 무엇을 할까? 그는 사람을 만들어낸다. – 사람은 재미가 있다. …… 그런데 보라, 사람도 역시 권태로워한다. 신은 어떤 낙원에서도 볼 수 있는 딱 한 가지 불행에 대해 한없는 동정심을 품는다.[109] 당장 신은 다른 동물들을 만들

---

108) 쉴러의 『오를레앙의 처녀』에 나오는 유명한 구절을 약간 바꿔 쓴 것으로 원래는 "신들도 권태에 대해서는 무력하다"이다.

109) 여기서 니체는 쇼펜하우어를 염두에 두고 있다고 할 수 있다. 쇼펜하우어는 '인생은 충족되지 않은 욕망과 권태 사이를 오락가락하는 시계추와 같다'고 말했다. 인간은 욕망이 충족되지 않으면 결핍감에 시달리지만 정작 욕망이 충족되면 권태에 시달리게 된다. 쇼펜하우어는 지옥은 결핍감이 지배하지만, 모든 욕망이 충족된 천국은 권태가 지배하리라고 보았다.

어낸다. 그것이 그의 **최초의** 대실수다. 사람은 다른 동물들을 재미 있어 하지 않았던 것이다. ― 사람은 동물을 지배했다. 사람은 자신이 '동물'이기를 원치 않았다. ― 결국 신은 여자를 만들었다. 과연 이번에는 권태가 끝났다. ― 그런데 그와 함께 다른 것도 끝나 버렸다! 여자는 신의 **두 번째** 실수였다. ― '여자는 본질적으로 뱀이며 이브(Heve)라는 것' ― 사제라면 누구나 그 사실을 알고 있다. '세상의 모든 악은 여자로부터 나온다'는 것 ― 사제라면 누구나 그 사실도 알고 있다. "**따라서, 과학**도 역시 여자로부터 이 세상에 나온다." …… 오로지 여자를 통해서 남자는 인식의 나무를 맛보는 법을 배우게 되었던 것이다. ― 무슨 일이 일어났던가? 옛 신은 엄청난 두려움에 사로잡혔다. 인간 자체가 신의 **가장 큰** 실수였다. 신은 스스로 자신의 라이벌을 만들고 말았다. 과학은 [인간을] **신과 대등한** 존재로 만든다. ― 인간이 과학적이 되면 사제와 신들은 몰락하고 만다! ― [신이 내세우게 되는] **도덕규범**: 과학은 그 자체로 금지된 것이다. ― 금지된 것은 오직 과학뿐이다. 과학은 **최초의** 죄이며 모든 죄의 싹이고 **원죄**이다. **오로지 이것만이 도덕이다.** ― '인식하지 **말라**' ― 나머지 것들은 그것으로부터 따라 나온다. ― 신은 엄청난 두려움을 가지고 있었지만 그렇다고 그 영리함을 상실한 것은 아니었다. 어떻게 과학으로부터 자신을 **보호할 수 있을까**? ― 그것이 오랫동안 신의 주요한 고민거리가 되었다. 해답은 '인간을 낙원에서 추방하라!'는 것이었다. 행복하고 한가로우면 인간은 생각하게 된다. ― 생각이란 모두 나쁜 생각이기 마련이다. …… 인간이 생각하지 **못하게** 해야 한다. ― 그리하여 '그의 사제적 본성'은 고난·죽음, 임신이라는 치명적 위험, 각종 불행, 노화, 노고, 그리고 특히 **병**을 만들어냈다. ― 이것들은 바로 과학과 싸우기 위한 수단이었다! 고난을 겪으면 사람들은 생각할 시간이 **없게** 되는 것이다. …… 그런데 그럼에도 불구하고! 기가 찰 일이다! 인식의 탑이 솟구쳐 올라 하늘을 습격하고 신들의 황혼[몰락]을 가져오려 하고 있다. ― 어떻게 하면 좋은가? ― 옛 신은 **전쟁**을 만들어내고 민족들을 갈라놓으며 사람들로 하여금 서로 죽이게 한다. (사제들은 항상 전쟁을 필요로 해왔다. ……) 전쟁이야말로 과학을 가장 크게 교란하는 것이다! ― 그런데 믿을 수 없는 일이 일어나고 있다! 인식, 즉 **사제로부터의 해방**은 전쟁에도 불구하고 증대되어가는 것이 아닌가. ― 그래서 옛 신은 최후의 결심을 하게 된다. "인간은 과학적이 되었다, ― **어쩔 수 없다. 물로 멸망시킬 수밖에 없다!**" ……

49.

내 말을 이해했을 것이다. 성경의 시작 부분은 사제의 심리 **전체**를 포함하고 있다. ― 사제가 알고 있는 **단 한 가지** 커다란 위험은 과학, ― 곧 원인과 결과에 대한 올바른 개념이다. 그런데 과학은 대체로 행복한 상황에서만 번영한다. — '인식하기' 위해서는 **넉넉히 남아도는** 시간과 정신이 필요하다. — '**따라서** 인간을 불행하게 만들어야 한다'는 것이 한결같은 사제들의 논리였다. — 이러한 논리에 따라서 그리고 이러한 논리와 함께 결국 무엇이 세상에 출현하게 되었는지 이미 진작했을 것이다. — 그것은 '**죄**'다. …… 죄와 벌이라는 개념과 '도덕적 세계질서'라는 것 전체가 과학에 **대항하기** 위해 발명되었다. — 사람들이 사제로부터 떨어져나가지 **못하도록** 하기 위해서 말이다. …… 사람들이 자신의 바깥을 보아서는 **안 되고** 자기 내면만을 들여다보아야 한다. 사람들이 영리하고 신중하게 사물을 통찰하여 배움을 얻어서는 안 된다. 사람들은 애초부터 봐서는 안 된다. 사람들은 괴로워해야 한다. …… 더 나아가 사람들은 사제를 항상 필요로 하도록 고통받아야 한다. — 의사 따위는 사라져야만 한다! **사람들은 구세주를 필요로 해야 한다.** — '은총'과 '구원' 그리고 '용서'의 교설을 포함해서 죄와 벌의 개념은 — 철두철미한 **거짓말**이고 아무런 심리적 현실성도 반영하지 못하며 — **원인에 대한** 인간의 **감각**을 말살하기 위해 고안되었을 뿐이다. 그 개념들은 원인과 결과라는 개념에 대한 폭행이다! — 주먹이나 칼, 솔직한 애증에 의한 폭행이 **아니다!** 그것은 가장 비겁하고 가장 교활하며 가장 저열한 본능에서 비롯된 폭행이다! **사제의** 폭행이다! **기생충**의 폭행이다. 지하의 창백한 흡혈귀들처럼 피를 빨아먹는 짓이다! …… 어떤 행위의 자연적 결과들이 더 이상 '자연적'이지 않고, 미신적인 개념의 유령들에 의해, 즉 '신'에 의해, '귀신'에 의해, '영혼(Seele)'에 의해 야기된 것으로 간주되고, 한갓 '도덕적인' 귀결로서, 즉 보상과 벌 그리고 징표와 징벌로서 간주되면, 그때는 인식을 위한 전제조건이 파괴되어버린 셈이 되고 — **인류에 대해 최대의 범죄를 저지른 셈이 된다.** — 다시 말하거니와 죄, 즉 인간이 자신을 모독하는 이 탁월한 형식은 과학과 문화와 인간의 고양과 고귀한 상태를 불가능하게 하기 위해 고안된 것이다. 사제는 죄를 고안함으로써 **지배하는 것이다.**

50.

여기에서 나는 '신앙'과 '신앙인들'의 심리를 설명하지 않을 수 없다. 당연한 일이지만 바로 그 '신앙인들'을 위해서 말이다. '신앙'이란 것이 얼마나 **부끄러운 일인지를** — 혹은 데카당스의 표시이며 생에 대한 파괴된 의지의 표시인지를 — 모르는 사람들이 오늘날에도 아직 존재한다면, 내일은 그들도 그것을 깨닫게 될 것이다. 나의 목소리는 귀가 먼 사람들에게도 들릴 것이다. — 내가 잘못 들은 게 아니라면, 그리스도교인들 사이에도 '효력에 의한 증명'이라고 불리는 진리의 기준이 있는 것 같다. '믿으면 복을 받는다. **따라서 신앙은 참되다**'는 것이다. — 이 경우 우리는 우선, 이 복 받는다는 것은 입증된 것이 아니고 **약속된** 것에 지나지 않는다고 이의를 제기해도 될 것이다. 다시 말해 복을 받는다는 것은 '믿어야 한다' 는 조건에 매여 있으며, 사람들은 믿기 때문에 장차 복을 **받게 된다는 것**이다. …… 그러나 아무도 검증할 수 없는 '피안'에 관해 사제가 신도에게 약속하는 **것**이 실제로 이루어진다고 어떻게 입증할수 있을까? — 따라서 소위 '효력에 의한 증명'이란 사실상 믿음을조건으로 약속한 결과가 틀림없이 나타난다는 것에 대한 또 하나의신앙에 불과하다. 정식화하면 이렇다. '나는 믿으면 복을 받는다는것을 믿는다. — **따라서** 믿음은 참되다'는 **것**이다. — 그러나 그로써 우리는 이미 결론에 도달한 셈이다. 이 '따라서'라는 것이, 진리의 기준으로서는 전적으로 터무니없는 것(absurdum)이다. — 그러나 조금 양보해서, 믿으면 복을 받는다는 사실이 (단순히 희구되고, 사제의 미심쩍은 입으로 단순히 약속된 것에 그치지 **않고**) 입증되었다고 하자. 그 경우 복 받은 상태[지복의 상태]가 — 더 전문적으로 말해서 **쾌감**(Lust)이 — 일찍이 진리의 증거인 적이 있었던가? 쾌감은진리의 증거가 결코 아니기 때문에, 쾌감이 '무엇이 진리인가?'라는 문제에 개입할 경우 보통 [우리가 쾌감을 느끼는] 어떤 것은 진리의 반대라는 증거에 해당하며 '진리'를 가장 혐오하는 것에 해당한다. 따라서 쾌락은 진리에 대한 증거일 수 없다. 쾌감에 의한 증거는 [우리가 어떤 것에 대해서] **쾌감을 느끼고 있다**는 사실에 대한 증거일 뿐 — 그 이상은 아니다. 도대체 참된 판단이 그릇된 판단보다 더 많은 즐거움을 주며 예정된 조화에 따라 필연적으로 유쾌한 감정이 그것에 수반된다는 사실이 언제 확립되었던가? — 엄격하고 심오한 유형의 정신들의 경험은 **그 반대**를 가르쳐주고 있다. 진리는 한 걸음씩 싸워서 획득해야 했으며, 삶에 대한 우리의 심정과 삶에 대한 우리의 애정과 신뢰가 의존하는 다른 모든 것은 포기해야 했다. 진리를 위해서는 영혼의 위대성이 필요하다. 진리에의 봉사는 가장 어려운 봉사인 것이다. — 그런데 정신적인 문제에서 성실하다는 것은 무엇을 의미하는가? 자신의 심정에 대해 준엄하다는 것, '아름다운 감정'을 경멸한다는 것, 모든 긍정과 부정을 양심의 문제로 만든다는 것을 의미한다.[110] 믿으면 복을 받는다. **따라서** 신앙은 거짓말을 한다. ……

51.

특정한 조건 하에서는 신앙으로 인해 행복해질 수 있다는 것, 어떤 고정관념(idee fixe)으로부터 우리가 복을 얻을 수 있다고 해서 그 관념이 **참된** 관념이 되는 것은 아니라는 것, 신앙은 어떠한 산도 움직이지 못하지만 분명히 산이 없는 곳에 산을 **가져다놓는다**는 것,[111] 이러한 점들에 대해서는 **정신병원**에 잠시만 들러보아도

---

110) 긍정적인 판단을 내릴 때든 부정적인 판단을 내릴 때든 정직하게 한다는 것을 의미한다.

111) 고린도전서 제13장 2절 참조.

분명히 알 수 있게 된다. 물론 사제들의 경우는 알 수 **없을** 것이다. 사제는 병이 병이라는 사실을, 정신병원이 정신병원이라는 사실을 본능적으로 부정하기 때문이다. 그리스도교가 병을 **필요로 하는** 것은 헬레니즘[그리스정신]이 넘치는 건강을 필요로 하는 것이나 거의 마찬가지다. — 병들게 **하는** 것이 교회의 구원제도 전체에 숨어 있는 본래의 의도다. 그리고 교회 — 그것은 가톨릭적 정신병원을 궁극적 이상으로 하는 것은 아닐까? — 지구 전체가 정신병원이 아닐까? — 교회가 **바라는** 종교인은 전형적인 데카당이다. 종교적 위기가 한 민족을 지배하는 시기에는 항상 전염적인 신경병이 특징적으로 나타난다. 종교인의 '내면세계'는 과민하고 탈진해버린 인간의 '내면세계'와 극히 유사해 서로가 혼동될 정도다. 그리스도교가 인류 위에 최고의 가치로 내건 '최고의' 상태란 간질병의 상태와 유사하다. — 교회는 지금까지 미치광이 **혹은** 엄청난 사기꾼만을 신의 위대한 명예를 위해(in majorem dei honorem) 성자로 모셔왔다. …… 나는 한때 그리스도교의 참회 및 구원의 훈련 전체(이것은 오늘날 영국에서 가장 잘 연구될 수 있다)를 교묘하게 유도되는 **주기적인 발작**(folie circulaire)[112]으로 설명한 적이 있다. 물론 그것은

---

112) folie circulaire(주기적 발작)은 침울한 상태와 고양된 상태가 교대로 나타나는 증상을 말한다. 『이 사람을 보라』, 「나는 왜 운명인가」 8절 참조. 니체는 주기적 발작의 침울한 상태와 고양된 상태 각각에는 그리스도교에서 말하는 회개와 구원이 상응한다고 본다.

이미 그것을 위해 마련된 토양, 다시 말해 철저히 병든 토양 위에서 그렇다. 그리스도교인이 되는 것은 사람들의 임의에 달린 것이 아니다. 사람들은 그리스도교에 [자신의 의지에 따라서] '귀의하는' 것이 아니다. — 그리스도교인이 되려면 충분히 병들어 있어야 한다. …… 우리 다른 종류의 인간들, 건강해지려는 용기도 있고 **또** 경멸할 수 있는 **용기**도 있는 **우리는** 육체에 대해 잘못된 생각을 가르치는 종교를 얼마나 경멸하는가! 영혼에 대한 미신에서 벗어나려고 하지 않는 종교! 불충분한 영양섭취를 '잘하는 일'로 권장하는 종교! 건강을 적으로, 악마로, 유혹으로 보고 싸우는 종교! '완전한 영혼'을 죽은 육신 속에도 지니고 다닐 수 있다고 믿고, 그러기 위해 '완전'이라는 새로운 개념을, 소위 '거룩함'이라고 불리는 창백하고 병적이며 백치적인 열광 상태를 만들어낼 필요가 있었던 종교를 말이다! — 이러한 거룩함이란 피폐해지고 쇠잔해지고 치유가 불가능하리만큼 부패한 육체의 증후군에 불과한 것 아닌가? …… 하나의 유럽적 운동으로서의 그리스도교 운동은 처음부터 온갖 폐물과 쓰레기 같은 자들이 모여 벌이는 총체적 운동이었다. (그들은 그리스도교를 통해 권력을 획득하려고 한다.) 그것은 어떤 종족의 쇠퇴를 표현하는 것이 **아니다.** 그것은 서로를 찾아 도처에서 몰려드는 데카당한 유형의 인간들이 집단을 형성한 것이다. 그리스도교를 가능하게 했던 것은 사람들이 믿고 있는 것처럼 고대 자체의 부패, 즉 **귀족적인** 고대의 부패가 **아니다.** 오늘날에도 그렇게 주장하고 있는 학식 있는 바보천치들을 우리는 철저하게 반박하지 않으면 안 된다. 로마제국(Imperium) 전체에 걸쳐서 병적이고 부패한 찬달라 계층이 그리스도교화 되고 있던 시대는, 그것의 **반대 유형**인 귀족 계층이 가장 아름답고 가장 성숙한 형태로 존재하던 시대였다. 그런데 다수가 지배하게 되었다. 그리스도교적인 본능을 갖는 민주주의가 **승리한 것이다.** …… 그리스도교는 '민족적'인 것도 아니었고 인종적인 조건에 묶여 있었던 것도 아니었다. — 그리스도교는 삶의 폐적자들(廢嫡者, die Enterbten)[113]에게 향했으며 도처에 동맹자를 가지고 있었다. 그리스도교의 바탕에는 병든 자들의 앙심이, 건강한 자와 건강을 **적대시하는** 본능이 있었다. 건강하고, 긍지가 있으며, 의기가 높은 모든 것, 특히 아름다운 것은 귀에 거슬리고 아니꼽다. 나는 다시 바울의 그 귀중한 말을 상기해 둔다. '하느님께서는 이 세상의 **약한 자들**을, 이 세상의 **어리석은 자들**을, 이 세상의 **보잘것없는 자들**과 **멸시받는 자들**을 택하셨도다'[114]라는 **것**이 바로 공식이었다. 이러한 상징에 의해(in hoc signo)[115] 데카당스는 승리를 얻었다. — **십자가**에 달린 **신** — 이 상징의 이면에 숨어 있는 무서운 의미를 사람들은 아직도 알지 못한단 말인가? —

---

113) 폐적자란 상속권을 박탈당한 자를 말한다.

114) 고린도전서 제1장 27~28절 참조.

115) in hoc signo vinces, "이 표적에 의해 그대는 구원을 얻으리라"는 말을 빗대어 한 말. 콘스탄티누스 대제가 막틴티우스와 싸웠을 때 대낮에 하늘에서 십자가를 보았는데 그 십자가가 그러한 문자들로 둘러싸여 있었다고 함.

고난받는 모든 자, 십자가에 달린 모든 자는 신과 같다. …… 우리 모두는 십자가에 달려 있다. 따라서 **우리**는 신과 같다. …… 우리만이 신과 같다. …… 그리스도교는 하나의 승리였다. **보다 고귀한** 성향은 그리스도교로 인해 몰락하고 말았다. — 그리스도교는 이제까지 인류 최대의 불행이었다.

52.

그리스도교는 또한 모든 **정신적인** 건강함과는 반대되는 것이다. 그리스도교는 병적인 정신만을 그리스도교적 정신으로 이용할 **수 있으며** 어리석기 짝이 없는 모든 것의 편을 들면서 '정신'에 대해서, 곧 건강하고 드높은(superbia) 정신에 대해서 저주를 퍼붓는다. 병이 그리스도교의 본질에 속하기 때문에 전형적인 그리스도교적 상태, 즉 '신앙' 역시 병의 형태를 띠지 **않을 수 없다.** 그리고 인식으로 향하는 바르고 정직하고 과학적인 길은 교회에 의하여 **금단의** 길로 배척당하지 않을 수 없다. 심지어는 의심조차 죄가 된다. …… 사제가 심리적 순수함을 전적으로 결여하고 있다는 것은 그의 시선에서 드러나는데, 그것은 데카당스의 **결과적** 현상의 하나다. — 본능적인 허위, 거짓말하는 것이 즐겁기 때문에 거짓말을 하는 것, 똑바로 보지 못하고 똑바로 걷지 못하는 것이 얼마나 통상적인 데카당스의 표현인지 알기 위해서는 히스테리가 있는 여자나 곱사등이인 어린애들을 관찰해보면 된다. '신앙'은 참된 것을 알려고 하지 않는 태도를 뜻한다. 경건주의자, 남녀 사제는 자신이 병들어 있기 **때문에** 그릇되어 있다. 그의 본능은 진리가 어떤 점에서도 정당하게 대우받지 않도록 **요구한다.** 신앙안은 '병들게 하는 것이 **선**이다. 풍요와 넘침과 힘으로부터 나오는 것은 악이다'라고 느낀다. **거짓에의 강박**(Unfreiheit zur Lüge) — 거기서 나는 타고난 모든 신학자의 모습을 간파해낸다. — 신학자의 또 하나의 특징은 **문헌학에 무능하다는** 것이다. 여기서 문헌학이라는 것은 아주 넓은 의미로 '잘 읽는 기술'로 이해되어야 한다. — 다시 말해 해석으로 사실을 왜곡하지 **않고**, 또 이해하려는 욕구로 말미암아 신중함과 인내와 치밀함을 잃지 **않고도** 사실을 읽어낼 수 있는 기술로서 이해되어야 한다. 해석되어야 할 것이 책이든, 신문기사든, 운명이든, 날씨든 — '영혼의 구원'일 경우는 말할 것도 없다 — **신중한 해석**(Ephexis)으로서의 문헌학이 문제시 되고 있는 것이다. …… 한 신학자가 베를린에서든 로마에서든 '성서'에 나오는 한 마디나 하나의 체험, 혹은 예를 들어 자기 나라 군대의 승리 같은 것을 다윗의 시편과 같은 보다 높은 조명 아래에서 해석하는 방식은 항상 너무나 **대담해서** 문헌학자는 분노를 금할 수 없을 지경이다. 그리고 슈바벤 출신의 경건주의자나 그밖의 암소같은 족속들이 자신의 삶의 곤궁한 일상과 답답함을 '신의 손가락'을 가지고 '은총'과 '신의 섭리'와 '구원의 체험'이라는 기적으로 만들어놓을 때 문헌학자는 도대체 어떻게 해야 하는가! 그러나 **예의**는 말할 것도 없고 정신을 아주 조금만이라도 동원한다면, 신의 솜씨라는 것을 그렇게 남용하는 것이 전적으로 유치하고 무가치하다는 사실을 이 해석자들은 납득할 수 있을 것이다. 우리에게 아주 조금이라도 [신에 대한] 경건함이 남아 있다면 우리는, 코감기를 제때 고쳐주거나 소나기가 막 쏟아지려는 참에 마차를 타라고 말해주는 신은[116] 너무나 어처구니없는 신이기 때문에 그런 신은 있더라도 폐기되어야 한다고 여기게 될 것이다. 하인으로서의 신, 우편배달부로서의 신, 일기예보자로서의 신, — 그것은 근본적으로 가장 어리석은 종류의 우연을 가리키는 말이다. …… 오늘날에도 여전히 '교양 있는 독일'에서 거의 세 사람 중 하나가 믿는 '신의 섭리'는 생각할 수 있는 그 어느것보다도 더 강력한, 신에 대한 반대 근거가 될 것이다. 그리고 여하튼 그것은 독일인들에 대한 반대 근거가 되기도 한다! ……

53.

어떤 주장의 진실을, 그러한 주장을 위해 **순교한 사람들**이 있다는 사실이 조금이라도 입증해준다는 것은 진실과는 거리가 멀다. 따라서 나는 순교자가 진실과 조금이라도 관계가 있다는 것을 부

---

116) 신을 믿는 사람들은, 마차를 탄 후에 소나기가 내릴 때 '하느님의 도움으로 비를 피하게 되었다'고 말하는 경우가 있다.

인하고 싶다. 순교자가 자신이 진리라고 생각하는 것을 세상 사람들을 향해 던질 때, 그 어조에는 우리가 그를 굳이 논박할 필요가 없을 만큼 저급한 지적 성실성과 '진리' 문제에 대한 **둔감함**이 이미 나타나 있다. 진리란 어느 한 사람은 가지고 있고 다른 한 사람은 가지고 있지 않은 것이 아니다. 이런 식으로 생각하는 사람들은 기껏해야 농민들, 다시 말해 루터와 같은 농민 사도들뿐이다. 이 점에서 겸손과 **겸양**은 정신적인 문제에서 얼마나 양심적인가에 따라 함께 증가한다고 믿어도 좋을 것이다. 다섯 가지만을 **알고 그 외의 다른 것**을 아는 일은 가볍게 거부하는 것. …… 모든 예언자, 모든 종파적 신도, 모든 자유주의자, 모든 사회주의자, 모든 신자가 이해하는 '진리'라는 것은, 아무리 작은 진리라도 그것을 발견하기 위해 필요한 정신과 자기 극복의 훈련이 아직 시작도 되지 않았다는 것에 대한 완벽한 증거다. ― 그런데 말이 나왔으니 말이지만 순교자의 죽음은 역사적으로 대단히 큰 불행이었다. 그것은 사람들을 **유혹해왔던 것이다.** …… 누군가 기꺼이 생명을 바칠 수 있는 어떤 대의명분(원시 그리스도교처럼 죽음을 열망하게 만드는 전염병을 발생시키는)에는 분명히 뭔가가 있다는 여성과 민중을 포함한 모든 백치의 추론은 검증에 대해서, 검증과 신중의 정신에 대해서 이루 말할 수 없을 정도로 장애가 되어왔다. 순교자들은 진리에 **해를 끼쳤다.** …… 심지어는 오늘날에도, 그 자체로는 아무리 보잘것없는 종파라 할지라도 **명예로운** 이름을 얻으려면 조잡한 형태로나마 박해만 받으면 된다. ─ 뭐라고? 누가 어떤 주장을 위해 목숨을 버린다는 사실 때문에 그 주장의 가치가 달라진단 말인가? ─ 우리를 [순교와 같은 것을 통해서] 명예롭게 만드는 오류는 오류라 하더라도 유혹적인 매력을 가진 오류다. 그대 신학자들은, 여러분의 거짓말을 위한 순교자가 될 수 있는 기회를 우리가 제공해줄 것이라고 믿는가? ─ 우리는 어떤 사실을 정중히 얼음 위에 놓음으로써 그것을 논박한다.[117] ─ 그리고 우리는 신학자들에 대해서도 그런 식으로 반박한다. …… 모든 박해자의 세계사적 우매함은 그들이 지금까지 자신의 적대자들에게 명예로운 모습을 부여했고 그들에게 순교라는 매력을 선사했다는 데 있다. …… 어떤 자가 어떤 오류를 위해 십자가 위에서 죽었다고 이야기되기 때문에, 여성들은 오늘날에도 여전히 그 오류 앞에 무릎을 꿇는다. **도대체 십자가가 논거란 말인가?** ─ 그러나 이 모든 문제에 대해서는 단 한 사람만이 2,000년 동안 사람들이 필요로 했던 말을 했다. ─ **차라투스트라**가 바로 그다.

"그들은 그들이 걸어간 길 위에 피로써 글을 썼다. 그리고 어리석게도 그들은 피로써 진리가 증명된다고 가르쳤다.

그러나 피는 진리의 증거로서는 최악의 것이다. 피는 가장 순수한

---

117) 박해하는 것은 순교자들을 명예롭게 하고 그들의 확신을 보다 매혹적인 것으로 만들기 때문에, 박해하지 않고 근거를 냉정하게 제시함으로써 논박하겠다는 것.

가르침조차도 중독시켜서 마음의 망상과 증오로 만들어버린다.

그리고 설령 누가 자신의 가르침을 위해 불 속을 걸어간다고 해도 — 그것이 무슨 증거가 되겠는가? 사실 자기 자신의 타오르는 불길로부터 가르침이 나온다면[118] 오히려 더 나을 것이다!"[119]

54.

기만당해서는 안 된다. 위대한 지성인들은 모두 회의가(懷疑家)다. 차라투스트라도 회의가다. 정신의 강함, 정신의 힘과 정신의 넘치는 힘으로부터 비롯되는 **자유**는 회의를 통해서 **입증된다**. 확신(Überzeugung)을 가진 사람들은 가치와 무가치와 관련된 근본적인 모든 것을 전혀 고려하지 않는다. 확신이란 감옥이다. 그것은 멀리도 보지 못하고 자기 **아래도** 보지 못한다. 그러나 가치와 무가치에 대해서 이야기할 자격을 갖추기 위해서는 자기 **아래에** — 그리고 자기 **뒤에** — 500가지나 되는 확신들을 봐야 한다. …… 위대한 일을 하고자 하는 정신 그리고 그것을 실현하기 위한 수단을 바라는 정신은 회의가가 되지 않을 수 없다. 모든 종류의 확신으로부터의 해방, 자유롭게 **볼 수 있는 능력**은 강한 힘의 특성**이다**.

---

118) '자기 자신의 타오르는 불길로부터 가르침이 나온다'는 것은 54절에서 보겠지만 자기 자신의 위대한 열정과 힘으로부터 가르침을 만들어낸다는 의미다.
119) 『차라투스트라는 이렇게 말했다』 제2부 중 「사제들에 대해서」.

…… 회의가의 존재 근거이자 존재의 힘인 위대한 정열, 곧 회의가 자신보다도 훨씬 더 개명되고 훨씬 더 전제적인 위대한 정열은 회의가의 지성 전체를 **수단**으로 이용한다. 그것이 회의가를 대담무쌍하게 만든다. 심지어 그것은 신성하지 못한 수단들을 사용할 수 있는 용기까지 부여한다. 상황에 따라서는 그것은 확신마저도 허용한다. **수단**으로서의 확신! 많은 것이 확신에 의해서만 달성된다. 위대한 정열은 확신을 이용하며 확신을 다 사용해버리고 확신에 굴복하지 않는다. — 그것은 자신을 자신의 주인으로 생각한다. — 반대로 신앙을 필요로 하고, 어떤 무조건적인 긍정과 부정을 필요로 하는 것, 이런 표현이 용서된다면 칼라일주의는 **약자**에 속하는 것이다. 신앙을 가진 인간, 모든 종류의 '믿는 인간'은 필연적으로 의존적인 인간이며 — **자기 자신**을 목적으로 정립할 수 없고, 자기 자신으로부터 목적을 정립할 수 없는 사람인 것이다. '신앙인'이란 **자기 자신**에게 속한 사람이 아니다. 그는 수단이 될 수 있을 뿐이고 **사용되어야** 하며, 자기를 사용하고 버릴 누군가를 필요로 한다. 그의 본능은 자기 소멸(Entselbstung)의 도덕에 최고의 명예를 부여한다. 모든 것이 그에게 자기를 소멸하도록 설득한다. 그의 지성, 그의 체험, 그의 허영심이 다 그렇다. 신앙은 어떤 것이든 그 자체가 자기 소멸, 자기 소외의 한 표현이다. …… 자기를 외부로부터 구속하고 고정시키는 규제를 대부분의 사람들이 얼마나 필요로 하는가를 생각해보면, 그리고 강제, 즉 보다 높은 의미

에서의 **노예제**가 어떻게 의지박약한 인간 특히 여자가 잘 살아나 갈 수 있는 유일하고도 궁극적인 조건이 되는가를 생각해보면, 우리는 확신과 '신앙'의 본질도 이해할 수 있게 된다. 확신은 확신에 사로잡힌 인간을 지탱해주는 기둥이다. 여러 가지 사물들을 보지 **않는다**는 것, 어떤 점에서도 공평하지 않다는 것, 철저하게 편파적인 입장을 취한다는 것, 모든 가치를 하나의 엄격하고 필연적인 관점에서 본다는 것 ─ 이것만이 확신에 사로잡힌 인간이 존속할 수 있는 조건이 된다. 그러나 그 때문에 그는 진실한 인간과 진리에 반대하고 그것에 **적대하는 자**가 된다. …… 신앙인에게 '참'과 '거짓'의 문제에 대한 양심을 갖는 것은 자기 뜻에 달려 있지 않다. 따라서 그가 **그 문제에 대해서** 성실한 태도를 취하면 그는 즉각 파멸하게 된다. 확신을 가진 사람은 병적으로 제약된 자신의 관점 때문에 사보나롤라(Savonarola), 루터, 루소, 로베스피에르, 생시몽과 같은 광신자들, 즉 강하고 **자유롭게** 된 영혼의 반대 유형이 되고 만다. 그러나 이러한 **병든** 영혼들, 즉 개념의 간질병자들의 과장된 태도가 많은 대중에게 감명을 주고 있다. ─ 광신자들은 근사해 보인다. 인류는 [이성적인] **근거**에 귀를 기울이기보다는 몸짓을 보는 것을 더 좋아하는 것이다.[120] ……

---

120) 인류는 어떤 주장이나 확신의 합당한 근거에 의해서가 아니라, 그러한 주장이나 확신을 위해 자신을 거리낌 없이 바치는 등의 몸짓에 의해서 더 크게 영향을 받는다는 의미다.

55.

확신에 대한 심리학, '믿음'에 대한 심리학에서 한 걸음 더 나아
가보자. 이미 오래 전에 나는 확신이 거짓말보다 훨씬 더 위험한
진리의 적이 아닐까라고 숙고한 적이 있다(『인간적인, 너무나 인간
적인』 1권, 331쪽). 이번에는 결정적인 문제를 제기하고 싶다. 거짓
말과 확신은 정녕 서로 대립하는가? — 온 세상이 그렇게 믿고 있
다. 그러나 온 세상 사람이 무엇은 믿지 않는다는 말인가! — 어떠
한 확신이든 그것에는 나름의 역사, 나름의 예비 형식, 나름의 시
행착오가 있다. 그것은 오랫동안 확신이 **아니었던** 기간을 거친 후
에, 그리고 확신인지 아닌지가 **불투명한** 더 오랜 기간을 거친 후
에야 비로소 하나의 확신이 **된다.** 뭐라고? 거짓말이 확신의 이러
한 태아적 형태 가운데 포함되어 있지 않았을 것이라고? — [거짓
말이 확신이 되기 위해서는] 때로는 사람만 바뀌면 되는 수도 있다.
아버지 대(代)에는 아직 거짓말이었던 것이 자식 대에 와서는 확신
이 될 수 있는 것이다. — 내가 거짓말이라고 부르는 것은 눈에 보
이는 어떤 것을 보려고 하지 **않는** 것, 어떤 것을 보이는 **그대로** 보
려고 하지 않는 것, 바로 그것이다. 거짓말이 증인이 있는 데서 행
해지는가 아니면 증인이 없는 데서 행해지는가는 중요하지 않다.
가장 통상적인 거짓말은 자기 자신을 속이는 거짓말이다. 다른 사
람에게 거짓말을 하는 경우는 상대적으로 드물다. — 그런데 보이

는 것을 보려고 하지 **않는 것**, 보이는 대로 보려고 하지 않는 것은 어떤 의미로든 **당파적인** 모든 사람이 존재하기 위한 첫 번째 조건이다. 당파적인 사람은 필연적으로 거짓말쟁이가 된다. 예를 들어 독일 역사가들의 역사 서술을 보면, 로마는 전제주의였고 자유정신을 세상에 불어넣은 것은 게르만족이었다고 확신하고 있다. 이러한 확신과 거짓말 사이에는 어떠한 차이가 있을까? 이런 독일의 역사가들을 포함하여 모든 당파가 본능적으로 거창한 도덕적인 말들을 입에 올리고 있다. 이러한 사실을 고려할 때 ― 모든 종류의 당파적 인간이 끊임없이 도덕을 필요로 하기 때문에 도덕이 **계속 존재하게 된다는** 사실에 대해 ― 새삼스레 놀랄 필요가 있을까? '이것이 **우리**의 확신이다. 우리는 세상 모든 사람들 앞에 고백한다. 우리는 그것을 위해 살고 죽는다. ― 확신을 가진 모든 사람에 경의를 표하라.' ― 나는 이런 말을 반유대주의자의 입으로부터도 들은 적이 있다. 그러나 여러분, 그 반대가 옳다! 반유대주의자가 확신을 가지고 거짓말을 한다고 해서 더 품위를 갖게 되는 것은 아니다. …… 이런 일에 더 교묘한 자는 사제다. 확신이란 어떤 목적에 유용하기 **때문에** 원칙적·원리적인 것이 되는 거짓이지만, 사제들은 확신의 이러한 개념에 대해 제기될 수 있는 이의를 아주 잘 이해하면서 '신' '신의 뜻' '신의 계시' 등의 개념을 하나의 확신에 끼워넣는 영리함을 유대인들에게서 전수받던 것이다. 칸트 역시 그의 정언명령과 함께 동일한 길을 걷고 있었다. 여기서 그의 이성은 **실천적이** 되었다. ― 참과 거짓을 인간이 결정할 수 **없는** 문제들이 있다. 최고의 문제들, 최고의 가치에 대한 문제들은 모두 인간 이성[121]의 한계 너머에 있다. …… 이성의 한계를 파악하는 것 ― **이것이야말로** 진정한 철학이다. …… 무슨 목적으로 신은 인간에게 계시를 했던 것일까? 신이 쓸데없는 일을 했을까? 인간은 무엇이 선이고 무엇이 악인지 자신의 힘만으로는 **알 수 없다**. 그래서 신은 인간에게 계시라는 것을 통해 자신의 뜻을 알려주었다. ……
[이상으로부터 사제들이 얻은] 교훈: 사제는 거짓말을 하지 **않는다**. ― 사제들이 이야기하는 것들이 '참인가' '거짓인가' 하는 문제는 존재하지 않는다. 사제들이 이야기하는 것들은 거짓말을 조금도 허용치 않는다. 왜냐하면, 거짓말을 하기 위해서는 **무엇**이 참인가를 결정할 수 있어야 하기 때문이다. 그러나 그러한 것은 인간에게는 **불가능하다**. 따라서 사제는 신의 뜻을 대변하는 자에 불과하다. ― 이상과 같은 사제의 삼단논법은 결코 유대적이고 그리스도교적인 것만은 아니다. 거짓말을 할 수 있는 권리와 '계시'를 내세우는 **영리함**은 사제라는 전형에 속하는 것이다. 그것은 데카당스의 사제와 이교(異敎)의 사제 모두에게 속하는 것이다. (이교도란 삶을 긍정적으로 말하는 모든 사람을 가리킨다. 이들에게 '신'은 만물에 대한 위대한

---

121) 이 경우 이성이란 칸트가 말하는 이론이성, 즉 이론적으로 근거를 따질 수 있는 인간의 이성을 말한다. 칸트는 신의 존재나 영혼의 불멸이나 자유의 존재와 같은 최고의 가치를 가진 문제들은 이론적으로 규명할 수 없다고 보았다.

긍정을 일컫는 단어다.) — '율법' '신의 뜻' '성전(聖典)' '영감' — 이것들은 그것을 **이용해서** 사제가 권력을 잡고, 권력을 유지하는 여러 조건을 가리키는 말일 뿐이다. — 이러한 개념들은 모든 사제적 조직과 모든 사제적, 철학자적이면서 사제적인 지배형태의 기초에서 발견될 수 있다. '성스러운 거짓말' — 그것은 공자, 마누법전, 마호메트, 그리스도교 교회에 모두 공통적으로 존재한다. 그것은 플라톤에게도 존재한다.[122] …… '진리가 여기에 있다'는 말은 그것이 어디서 말해지든 **사제**가 거짓말을 하고 있다는 말과 같다. ……

56.

궁극적으로 문제가 되는 것은 어떤 **목적**으로 거짓말을 하느냐 하는 것이다. 그리스도교에는 '신성한' 목적이 결여되어 있다는 것, 바로 이것이 **내가** 그리스도교적 수단에 반대하는 이유다. 그리스도교에는 **나쁜** 목적만 있다. 삶에 해독을 끼치고 삶을 비방하고 부정하려는 것, 육체를 경멸하려는 것, 죄라는 개념을 가지고 인간의 가치를 폄하하고 인간으로 하여금 자신을 모독하게 하려는 것뿐이

---

122) 플라톤도 자신이 제시하는 이상국가의 계급질서를 사람들이 아무런 불만 없이 받아들이도록 하기 위해서는 거짓말이 필요하다고 말했다. 즉 최상층인 철인 정치가는 금으로 만들어졌고, 그 밑의 수호자 계급은 은으로, 경제활동을 담당하는 맨 아래 계급은 철과 구리로 만들어졌다는 거짓말을 국가 구성원들에게 주입할 필요가 있다는 것이다.

다. …… **따라서** 그 수단도 나쁘지 않을 수 없다. ─ 그리스도교의 경우와는 정반대의 느낌을 받으면서 나는 **마누**의 법전[123]을 읽는다. 그것은 무엇과도 비교할 수 없을 만큼 정신적이고 탁월한 책이며, 그것을 성경과 동렬에 놓고 언급하는 것만으로도 **정신**에 대한 죄가될 정도의 책이다. 한 번 읽기만 하면 바로 알 수 있는 사실이지만, 마누법전에는 율법주의(Rabbinsimus)와 미신이 뒤섞여 악취를 풍기는 유대적 요소만이 있는 것이 아니라 그것의 이면에 그리고 그것 **안에** 진정한 철학을 지니고 있다. ─ 그것은 가장 까다로운 미각을 가진 심리학자도 곱씹어볼 만한 것을 제공해준다. 모든 종류의 성서와 마누법전의 근본적인 차이를 잊어서는 **안 된다**. 그 차이점은 다음과 같다. 곧 **고귀한** 계층인 철학자와 전사들은 마누법전을 가지고 군중을 통솔하고 있다는 것, 도처에 고귀한 가치와 완전성에 대한 느낌과 삶의 긍정 그리고 자신과 삶에 대한 의기양양한 행복감이 있다는 것, ─ 책 전체 위에 **태양**이 비치고 있다는 것이다. ─ 그리스도교가 바닥을 알 수 없는 자신의 비속함을 드러내면서

---

123) 마누법전은 2세기경에 만들어진 인도의 법전으로서 각 신분의 권리와 의무, 삶의 방식을 규정하고 있다. 니체가 읽은 마누법전은 프랑스어 번역본이었다. 이 번역본은 Louis Jacolliot의 *Les législateurs religieux. Manou. Möise. Mahomet. Traditions religieuses comparées des lois de Manou, de la Bible, du Coran, du Rituel Egyptien, du Zend-Avesta des Parese et des traditions finnoises*(Paris 1876)에 포함되어 있었다. 그러나 이 책은 문헌학적으로 상당히 문제성이 있는 책이다. 여성들에 대해 긍정적인 입장을 표명하는 문구를 니체는 마누법전에서 인용하였다고 말했지만, 이러한 문구는 원래의 마누법전에는 존재하지 않는다.

다루고 있는 그 모든 것, 예를 들면 생식·여자·결혼 등의 문제가 이 책에서는 진지함과 외경심 그리고 사랑과 신뢰와 함께 다뤄진 다. "음행을 피하기 위해 모든 남자는 각각 자기 아내를 갖도록 하 고 모든 여자는 각각 자기 남편을 갖도록 하라. …… 불타는 욕정 으로 괴로워하는 것보다는 결혼하는 편이 낫다."[124] 이렇게 비열한 말이 포함되어 있는 책을 우리가 도대체 어떻게 여자들과 어린애들 의 손에 쥐여줄 수 있을까? 그리고 인간의 탄생이 **원죄 없는 처녀 잉태**(immaculata conceptio)라는 개념으로 그리스도교화 되어 있는 한, 다시 말해 더럽혀져 있는 한 사람들이 **그리스도교인**일 수 있는 가? …… 마누법전만큼 여자에 대해 다정하고 호의적인 것들을 많 이 말하고 있는 책을 나는 지금껏 보지 못했다. 이 늙은 백발의 성 자들은 이제까지 아무도 능가할 수 없었을 정도로 여자들에 대해 정중한 태도를 보이고 있다. 어떤 곳에서는 이렇게 말한다. '여자의 입, 소녀의 젖가슴, 어린아이의 기도, 제물에서 나는 연기는 항상 순결하다.' 다른 곳에서는 이렇게 말한다. '햇빛, 암소의 그림자, 공 기, 물, 불, 그리고 소녀의 숨결보다 더 순결한 것은 없다.' 마지막 한 구절 — 아마 이것 역시 하나의 성스러운 거짓말이겠지만 — '신 체의 배꼽 위쪽에 있는 모든 구멍은 순결하고, 배꼽 아래쪽에 있는 모든 구멍은 불결하다. 소녀의 경우에만 온몸이 순결하다.'

---

124) 고린도전서 7장 2절, 9절.

57.

그리스도교의 목적을 마누법전의 목적에 입각하여 살펴보면 ─
이 양자 사이에 보이는 목적상의 가장 큰 대립을 강한 빛으로 비
추어보면 ─ 그리스도교가 사용하는 수단의 **비신성성**(非神聖性,
Unheiligkeit)은 그 범행현장에서(in flagranti) 포착될 수 있다. 그리스
도교에 대한 비평가라면 그리스도교를 **경멸스러운** 것으로 볼 수밖
에 없다. ─ 마누법전과 같은 법전은 모든 훌륭한 법전들과 동일하
게 생성되었다. 그것은 수세기에 걸친 오랜 경험과 지혜와 실험적
도덕을 총괄하여 완결짓고 있으며 아무것도 새롭게 창조하지 않는
다. 그러한 법전 편찬의 전제조건이 되는 것은, 오랜 시간 동안 서
서히 값비싼 희생을 치르고 획득된 **진리**에 권위를 부여하는 수단
은 진리를 증명하는 수단과는 근본적으로 다르다는 사실을 통찰하
는 일이다. 법전이란 어떤 법의 유효성과 근거 그리고 그 법에 선
행하는 결의론(決疑論)을 보고하지는 않는다. 왜냐하면 그러다가 법
전은 명령적인 어조를 상실할 수 있기 때문이다. '너는 마땅히 이
렇게 행해야만 한다'는 명령적인 어조는 그 법이 준수될 수 있는 전
제조건인 것이다. 문제는 바로 이 점에 있다. ─ 어떤 민족의 발전
이 일정한 지점에 도달했을 때, 그 민족의 가장 사려 깊은 계층, 다
시 말해 과거와 미래를 가장 멀리까지 꿰뚫어보는 계층은 그 민족
이 지키고 살아야 할 ─ 다시 말해 지킴으로써 삶을 **보장받을 수**

있는 — 경험이 완성되었음을 선포하게 된다. 그들의 목표는 실험과 **괴로운** 경험의 시대로부터 가능한 한 가장 풍부하고 완전한 수확을 거두어들이는 데 있다. 따라서 무엇보다 피해야 할 것은 실험을 계속해나가는 것이다. 가치가 유동하는 상태가 지속되는 것, 가치를 음미하고 선택하고 비판하는 작업을 **무한히** 계속하는 것은 피해야 한다. 그것에 대해서는 이중의 방책이 세워진다. 첫째는 **계시**를 내세우는 것이다. 그것은 그 법의 근거가 인간적인 연원을 갖지 않으며 사람들이 오랜 세월에 걸쳐 많은 과오를 겪으면서 모색되고 발견된 것이 **아니라는** 것, 그것은 역사를 갖지 않고 신적인 근원을 갖는 것으로서 총체적이고 완전하게 전달되었으며 하나의 은사(恩賜), 하나의 기적으로서 단적으로 전달된 것이라 주장하는 것이다. …… 다음은 **전통**을 내세우는 것이다. 그것은 그 법이 이미 태곳(太古)적부터 있어왔으며 따라서 그것을 의문시한다는 것은 불경스러운 것이며 조상에 죄를 범하는 것이라고 주장하는 것이다. 즉 그 법이 갖는 권위는, 신이 그 법을 **주셨고** 조상이 그 법에 따라서 **살았다**는 명제에 의해 근거 지어진다. — 이러한 절차가 갖는, 보다 그럴듯한 합리적 근거는 올바르다고 인정된 생활방식(즉 막대한 양의 면밀하게 걸러진 경험에 의해 **증명된** 생활방식)에서 점차 의식을 축출해버림으로써 본능적인 완전한 자동화에 도달하려는 의도 속에 존재한다. — 본능적인 이러한 자동화야말로 살아가는 기술과 관련하여 모든 종류의 대가(大家)적 경지, 모든 종류의 완벽함을 달성하기 위한 전제조건이다. 마누법전과 같은 법전을 만든다는 것은 한 민족에게 이후부터 대가가 될 수 있는 권리, 완벽해질 수 있는 권리 ― 삶의 최고도의 기술에 대한 야심을 가질 수 있는 권리를 허용한다는 것을 의미한다. **그러한 목적을 위해서는 법전은 무의식적인 것이 되어야만 한다.** 이것이야말로 모든 성스러운 거짓말의 목적이다. ― 최고의 지배적 법칙인 **카스트 계급 질서**는 인간의 어떠한 자의(恣意)도 어떠한 '근대적 이념'도 좌우할 수 없는 첫째가는 자연법칙인 자연 질서를 재가한 것에 지나지 않는다. 건강한 사회에서는 어디서나 서로 다른 생리적 경향을 지닌 세 가지 유형의 인간을 구별할 수 있다. 이 세 가지 유형의 인간은 서로를 조건지우면서 제각기 고유한 위생법, 일의 고유한 영역, 완벽성에 대한 고유한 느낌과 고유한 대가의 경지를 지니고 있다. 마누법전이 아니라 자연이 정신력이 뛰어난 자들과 근육과 기질이 강한 자들 그리고 이상의 어떤 점에서도 뛰어나지 못한 세 번째 유형인 범용한 인간들을 서로 구별하고 있다. ― 맨 나중의 유형의 인간들이 대다수를 차지하고 있으며, 첫 번째 유형의 인간들은 선택된 자들이다. 가장 높은 계급은 ― 나는 그것을 **극소수의 인간**들(die Wenigsten)이라고 부른다 ― 완전한 계급으로서 극소수의 인간들에게만 허용된 특권을 아울러 가진다. 그 특권 가운데는 행복, 아름다움, 선의(善意)를 지상에서 체현하는 것이 속한다. 가장 정신적인 인간에게만 아름다움과 아름다운 것들이 허용된다. 그들에게서만 선의는 약함이 아니다. 아름다움은 소수의 것이다(Pulchrum est paucorum hominum).[125] 선은 하나의 특권이다. 한편 그들에게 추한 태도나 염세적인 시각, [사물들을] **추하게 만드는** 눈 이상으로 엄격하게 금지된 것은 없다. — 사물의 전체적인 모습에 대해 분개하는 것조차도 그들에게는 허용되어 있지 않다. 분개는 찬달라들의 특권이다. 염세주의도 마찬가지다. **"세계는 완전하다."**[126] — 가장 정신적인 본능, 긍정하는 본능은 그렇게 말한다. — "불완전, 우리보다 **미천한** 모든 것, 사람과 사람 사이의 거리, 거리의 파토스, 찬달라족 자체가 이러한 완전성에 포함된다." **가장 강한 자**로서 가장 정신적인 사람들은 다른 사람들이 파멸하는 곳에서 행복을 발견한다. 즉 그들은 미궁에서, 자신과 아울러 다른 사람들에게 가해지는 혹독함 속에서, 시험 속에서 행복을 발견한다. 그들의 기쁨은 극기다. 그들에게는 금욕이 천성이며, 욕구이고, 본능이다. 그들은 어려운 과제를 하나의 특권으로 생각하고 다른 사람들이라면 짓눌려 죽을 수 있는 짐을 가지고 유희하는 것을 하나의 **기분전환**으로 생각한다. …… 인식 — 그것은 금욕의 한 형태다. — 그들은 가장 존경할 만한 인간이다. 그렇다고 해서 그들이 가장 쾌활하고, 가장 사랑스러운 사람들이 아니라는 것은 아니다. 그들이 지배하는 것은 그들이 원하기 때문이 아니라 **존재하기** 때문이다. 그들은

---

125) 호라티우스, 『풍자시』, 1, 9, 44
126) 『차라투스트라는 이렇게 말했다』 제4부 중 「정오」.

마음대로 두 번째 계급이 될 수 없다. ― **두 번째 계급** ― 그들은 법을 수호하는 자들,[127] 질서와 안전을 유지하는 자들, 고귀한 전사들, 그리고 전사와 재판관과 법의 보호자를 나타내는 최고 형식으로서의 **왕**이다. 두 번째 계급에 속하는 자들은 가장 정신적인 계급 밑의 행정가이며 그 계급과 가장 가까운 자로서, 첫 번째 계급의 통치행위에 얽힌 모든 **거친** 일을 떠맡으며 ― 그 계급의 추종자이고 그들의 오른팔이며 그들의 가장 훌륭한 제자들이다. ― 거듭해서 말하지만 이상에서 말한 모든 것에는 어떠한 자의도 어떠한 '작위(作爲)'도 없다. 그것과 **다른** 것이야말로 모두 작위의 산물이며 ― 그 경우 자연은 파괴된다. …… 카스트 질서, 곧 **서열**은 삶 자체의 최고의 법칙을 공식화한 것에 불과하다. 세 가지 유형의 인간들을 구분하는 것은 사회의 보존을 위해 필수적이며, 보다 더 높은 유형과 최고의 유형의 인간들을 형성하기 위해서 필수적이다. ― 권리의 **불평등**이야말로 권리가 존재하기 위한 조건이다. ― 권리란 하나의 특권이다. 각자의 특권은 각자의 존재 양식에 의해 결정된다. **범용한 자들**의 특권을 과소평가하지 말자. 삶은 **높은 곳**으로 올라갈수록 점점 더 가혹해진다. ― 점점 더 추워지고 책임도 무거워진

---

127) 이렇게 보면 첫 번째 계급은 법을 제정하는 자들이라고 보아야 할 것이다. 여기서 니체가 제시하는 이상적인 정치제도는 플라톤의 이상국가와 매우 유사하다. 플라톤에서도 철인정치가들은 경제활동에 종사하는 사람들보다도 훨씬 금욕적이고 가혹한 삶을 감당해야만 한다.

다. 높은 문화는 일종의 피라미드다. 그것은 넓은 토대 위에서만 서 있을 수 있으며, 무엇보다도 강하고 건강하게 다져져 있는 범용성을 전제로 한다. 공업, 상업, 농업, **학문**, 대부분의 예술, 한마디로 직업적 활동이라고 할 만한 것은 모두 능력과 욕망에서의 범용성하고만 어울릴 수 있다. 그러한 것들은 예외적인 인간들에게는 어울리지 않고, 그러한 것들에 속한 본능은 무정부주의뿐만 아니라 귀족주의에도 반대된다. 공적으로 유용한 인간이 되고, 하나의 톱니바퀴 및 하나의 기능으로 존재하는 것에는 천부적인 소질이 필요하다. 그들을 지적인 기계로 만드는 것은 **사회**가 아니라 대다수만이 얻을 수 있는 종류의 **행복**이다. 범용한 자들에게는 범용하게 사는 것이 행복이다. 어떤 한 가지 일에 통달하는 것, 곧 전문성은 하나의 타고난 본능이다. 범용성 자체를 부정적인 것으로 보는 것은 보다 심오한 정신에게는 전혀 어울리지 않는다고 해야 할 것이다. 범용성은 예외적인 것들의 존재를 위한 **첫 번째** 필요조건이다. 높은 문화는 그것을 조건으로 한다. 예외적인 인간이 범용한 자들을 자기 혹은 자기와 동등한 자들보다도 더 부드럽게 다룬다면 그것은 단순히 마음에서 우러나온 예의만이 아니다.[128] — 그것은 바로 그의 **의무**인 것이다. …… 오늘날의 천민 가운데 내가 누구를 가장 미워하는가? 노동자의 본능과 즐거움 그리고 보잘것

---

128) 괴테의 『친화력』 중 한 구절.

없는 자신의 존재에 대한 자족감을 파괴하면서 — 그에게 시기심을 불어넣고, 그에게 원한을 가르치는 — 찬달라적 사도들인 사회주의자-천민이다. …… 권리가 불평등하게 인정되는 것이 결코 부당한 것은 아니다. **'평등한'** 권리를 요구하는 것이야말로 부당하다. …… 무엇이 악(schlecht[저열한])인가? 이에 대해서 나는 이미 답했다. 약함과 시기심과 **원한**에서 나오는 모든 것이라고. — 무정부주의자와 그리스도교인은 같은 근원에서 비롯된 것이다. ……

58.

사람들이 어떤 목적으로 거짓말을 하는지에는, 즉 거짓말로 무엇인가를 유지하려고 하는 것인지 아니면 **파괴하려고** 하는 것인지 사이에는 사실 큰 차이가 있다. 이 점에서 **그리스도교인과 무정부주의자**는 완전히 같다고 할 수 있을 것이다. 그들의 목적과 그들의 본능은 오로지 파괴로만 향해져 있기 때문이다. 이러한 주장을 뒷받침하는 증거는 역사에서 충분히 찾을 수 있다. 역사는 섬뜩할 정도로 명료하게 그 증거를 보여준다. 우리는 방금 하나의 종교적 입법 과정을 살펴보았다. 종교적 입법의 목적은 삶이 **번영하기** 위한 최상의 조건인 하나의 거대한 사회조직을 '영구화하는' 것이었다. — 그런데 그리스도교는 **그러한 조직에서는 삶이 번영한다는 그 이유 때문에** 그러한 조직을 붕괴시키는 것에서 자신의 사명을 발견했다. 그러한 조직에서는 이성이 오랜 세월의 실험과 불확실한 상태를 통해 얻어낸 수확물을 가장 먼 미래의 세대마저도 이익을 얻을 수 있도록 사용하였으며, 가능한 한 크고 풍요롭고 완전한 수확을 거두어들이려 노력했다. 그런데 그리스도교에서는 반대로 하룻밤 새에 그 수확에 **독을 투입하였던 것이다.**[129] …… 청동보다 오래 존속하는(aere perennius)[130] **로마제국**(Imperium Romanum)은 어려운 조건 속에서도 지금까지 이룩된 것 중 가장 위대한 조직 형태였으며, 그에 비하면 그 이전의 모든 것과 그 이후의 모든 것은 미숙하고 서투르며 아마추어적인 것에 불과하다. [그런데] 저 성스러운 무정부주의자들은 게르만족과 그밖의 조야한 민족들이 지배자가 될 수 있을 때까지 그 '세계'를, **즉** 로마제국을 돌 하나 제대로 남겨놓지 않고 모조리 파괴하는 것을 일종의 '경건한 행위'로 삼았다. …… 그리스도교인과 무정부주의자: 그들은 둘 다 데카당이며 둘 다 해체시키고 오염시키고 위축시키는 일밖에는 하지 못하며 둘 다 **흡혈귀**다. 그리고 그것들은 둘 다 일체의 서 있는 것, 위대하게 존립하는 것, 지속성을 갖는 것, 삶에 미래를 약속하는 것 모두를 **극렬하게 증오하는** 본능을 가지고 있다. …… 그리스도교는 로마제국의 흡혈귀였다. ─ 위대한 문화의 건설에는 **오랜 시간이 걸리는** 법이지만 이러한 문화를 건설하기 위해 그 터전을 닦던 로마

---

129) 마태복음 13장 24~30절 참조.
130) 호라티우스, 『카르미나』 3, 30, 1.

인들의 거대한 사업을 그리스도교는 하룻밤 사이에 파괴하고 말았다. ― 사람들은 아직도 이러한 사태를 이해하지 못하는가? 우리가 알고 있는 로마제국, 로마 식민지의 역사에 의해 우리에게 더 잘 알려져 있는 그 로마제국, 위대한 양식을 구현한 가장 경탄할 만한 이 예술작품은 하나의 시작이었으며 그 구조는 수천 년에 걸쳐 진가를 **발휘하도록** 설계되어 있었다. ― 그와 같은 것은 오늘날까지 한 번도 건축된 적이 없었다. 이와 동일한 규모로 영원한 상 아래에서(sub specie aeterni) 건축하는 것은 그때 이래 꿈꿔진 적조차도 없었다! ― 그 조직은 나쁜 황제들을 견뎌낼 수 있을 정도로 매우 견고했다. 어떤 인물들이 지배하느냐 하는 우연에 전혀 영향을 받지 않아야 한다는 것이 모든 위대한 건축의 **제1원리**다. 그러나 그것은 **가장 타락한** 종류의 타락, 곧 **그리스도교인**을 견뎌낼 정도로는 견고하지 못했다. …… 밤에 안개와 어스름 속에서 모든 개인에게 몰래 다가가 그들에게서 **참된** 것들에 대한 진지함과 **현실**에 대한 본능 모두를 다 빨아먹은 이 은밀한 벌레, 비겁하고 여성적이고 설탕처럼 달콤한 이 무리들은 이 거대한 건축물로부터 '영혼들'을 점차적으로 소외해버렸다. ― 로마적인 것에서 자신의 고유한 것과 자신의 진지함과 자신의 **긍지**를 발견했던 저 귀중하고 남성적이며 고귀한 본성을 지녔던 인물들을 소외해버렸던 것이다. 이러한 위선적인 음흉함, 비밀 집회의 은밀함, 지옥이나 죄 없는 자의 희생, 피를 마시면서 행해지는 신비적 합일(unio mystica)과 같은 음산한 개념들, 무엇보다도 서서히 돋우어진 복수심의 불길, 찬 달라적 복수심의 불길 ─ 로마의 지배자가 되었던 것은 바로 **그것** 이다. 에피쿠로스는 이미 그와 같은 종교의 선행 형식과 싸운 바 있었다. 에피쿠로스가 **무엇**을 상대로 싸웠는지를 알려면 루크레티우스(Lucretius)를 읽는 것이 좋다. 에피쿠로스가 싸웠던 상대는 이교가 **아니라** '그리스도교'였다. 말하자면 죄라든가 벌이라든가 불사와 같은 개념에 의한 영혼의 타락이었다. ─ 그는 **지하적 예배**와 싸웠고 잠재적인 그리스도교 전체와 싸웠다. ─ 불사(不死)를 부정하는 것, 그것이 당시에도 이미 하나의 진정한 **구원**이었다. ─ 에피쿠로스는 승리를 거두었을 것이다. 로마제국에서 존경할 만한 사람들은 모두 에피쿠로스주의자였으니까. **그런데 그때 바울이 나타났던 것이다.** …… 바울, 로마에 대한, '이 세계'에 대한 찬달라적 증오의 육화이자 찬달라적 증오의 천재인 저 유대인, 무엇보다도 저 **영원한** 유대인이 나타났던 것이다. …… 그가 알아챈 것은 유대교에서 떨어져나온 보잘것없는 종파인 그리스도교 운동을 이용하면 '세계적인 규모의 대화재'를 일으킬 수 있다는 사실, '십자가에 못 박힌 신'이란 상징을 가지고 모든 하층민, 은밀히 반란을 기도하는 무리들, 제국 안의 모든 무정부주의적 음모의 유산 전부를 하나의 거대한 세력으로 결집할 수 있다는 사실이었다. '구원은 유대인으로부터 온다.'[131] ─ 모든 종류의 지하적 숭배 ─ 이를테면 오시리스(Osiris),[132] 대모(大母)신, 미트라스(Mithras) 등의 숭배[133] ─ 를 능가하고, **더 나아가** 그것들을 집대성(集大成)하는 공식으로서의 그리스도교, 바로 이러한 통찰에 바울의 천재성이 있다. 이 점에서 그의 본능은 극히 확실했기 때문에, 그는 진리에 대해 무자비하게 폭행을 가하면서 저 찬달라적 종교들이 사람들을 미혹하는 데 사용했던 관념들을 자신이 날조해낸 '구세주'의 입 안에 집어넣었다. 비단 그의 입 안뿐이 아니었던 것이다. ― 그는 구세주를, 미트라스의 사제들까지도 이해할 수 있는 것으로 **만들었다.** …… 이것이 다마스쿠스[134]로 가는 길에서 그가 체험한 회심의 순간이었다. 그는, '이 세계'에서 가치를 박탈하기 위해서는 불사에 대한 신앙이 **필요하다**는 것, '지옥'이란 개념이 로마도 지배할 수 있다는 것, ― '피안'이라는 것으로 **삶을 죽일 수 있으리라**는 것을 파악했다. …… 니힐리스트와 그리스도교인: 그 두 가지는 서로 운이 맞는다.[135] 비단 운만 맞는 것이 아니다. ……

---

131) 요한복음 4장 22절.

132) 오시리스는 고대 이집트의 가장 위대한 주신(主神)이며 명계(冥界)를 다스리고 죽은 자의 부활을 관장하는 신이기도 하다. 대모신은 대지의 신 가이아, 레아, 데메테르이며, 미트라스는 페르시아의 태양신이다.

133) 이상의 동방의 신들에 대한 경배가 공화제 말기의 로마에서 행해졌다.

134) 다마스쿠스는 그리스도교인을 박해하던 바울이 예수를 만나 그리스도교인으로 회심하게 되는 땅이다. 사도행전 9장 참조.

135) 니힐리스트와 그리스도교를 가리키는 독일어 Nihilist와 Christ는 서로 운이 맞는다.

59.

고대 세계의 그 모든 사업이 **부질없는 것이 되고 말았다.** 나는 이처럼 끔찍한 일에 대한 나의 느낌을 표현하기에 적당한 단어를 찾을 수 없다. ─ 그러한 사업이 하나의 준비 작업이었다는 것, 몇 천 년에 걸치는 사업을 위한 기초가 화강암처럼 견고한 자기 신뢰로 겨우 놓여졌다는 것을 생각하면, 고대 세계의 **의미** 전체가 헛된 것으로 끝나버렸다고 여겨진다! …… 그리스인들은 무엇을 위해 존재했던가? 로마인들은 무엇을 위해 존재했던가? ─ 학식 있는 문화를 위한 모든 전제조건, 모든 과학적 **방법**이 이미 그곳에 있었다. 훌륭하게 읽을 줄 아는 저 위대하고 비할 바 없는 기술이 이미 확립되어 있었다. ─ 문화적 전통을 위한, 학문의 통일을 위한 전제조건은 이미 확립되어 있었던 것이다. 자연과학은 수학과 역학과 결합되어 탄탄대로를 걷고 있었다. ─ 모든 감각 중에서 가장 나중에 개발되었고 가장 가치 있는 감각인 **사실에 대한 감각**은 이미 수백 년의 전통을 가진 여러 학파를 거느리고 있었다! 사람들은 이러한 사실을 알고 있을까? 일을 착수하는 데 필요한 모든 **본질적인 것**은 이미 발견되어 있었다. ─ 방법들이야말로 본질적인 **것이면서도** 가장 어려운 것**이며** 또 습관과 게으름을 가장 오랫동안 적으로 삼아왔다는 사실을 우리는 몇 번이고 거듭해서 말해야만 한다. 우리가 이루 말할 수 없는 엄청난 극기심에 의해서 ─ 왜냐하면 우리는 모두 아직도 저열한 본능을, 그리스도교적 본능을 몸 어딘가에 지니고 있으니까 — 오늘날 되찾은 것, 곧 현실에 대한 자유로운 시선과 신중한 손, 극히 사소한 것들에 대해서도 참을성과 진지함을 견지하는 것, 인식의 **정직성** 전체 — 그것들은 이미 존재했던 것이다! 2,000년도 전에 이미 존재했던 것이다. 그뿐 아니라 훌륭하고 섬세한 재치와 취미도 있었다! 두뇌 훈련으로서가 **아니고!** 조야한 '독일적' 교양으로서가 **아니고!**[136] 육체로서, 몸짓으로서, 본능으로서 — 한 마디로 말해 현실로서! …… 그런데 **이 모든 것이 헛된 것이 되고 말았다!** 하룻밤 사이에 한낱 기억이 되어버렸다! 그리스인들이! 로마인들이! 고결한 본능과 취미, 방법적 연구, 조직과 통치의 천재, 인간의 미래에 대한 신념과 **의지**, 로마 제국으로 가시화되었고 모든 감각에 나타났던 모든 것에 대한 위대한 긍정, 단순한 기술(技術)이 아니고 현실, 진리, **삶**이 되었던 위대한 양식, 이 모든 것이 부질없는 것이 되고 말았다. …… 그리고 이 모든 것이 하룻밤 사이에 파묻혀버린 것은 자연적인 사건 때문이 아니었다! 게르만족과 그밖의 다른 야만족들에게 짓밟힌 것도 아니었다! 그 모든 것은 교활하고 음흉하고, 보이지 않는 피에 굶

---

136) 니체는 현대인들의 교양은 머릿속의 교양일 뿐 몸으로 체화되지 못했다고 비판한다. 현대인들은 그리스·로마의 수많은 고전을 읽고 과거의 역사에 대해서 많은 역사학적 지식을 가지고 있지만, 그것들이 삶으로 녹아들지 못한 채 머릿속의 지식으로 머물고 있다는 것이다.

주린 흡혈귀들에게 능욕당했다! 패배를 당한 것이 아니었다. — 피를 다 빨렸을 뿐이었다! …… 음험한 복수심, 쩨쩨한 시기심이 **지배자**가 되고 말았다. 가련한 모든 것, 근본적으로 병들어 있는 모든 것, 비열한 감정에 의해서 사로잡혀 있는 모든 것, 영혼의 **유대적인 세계** 전체가 일거에 **위에 올라서게** 되었던 것이다! — 거기서 어떤 종류의 불결한 작자들이 **윗자리에 오르게 되었는지**를 알려 하고 **감지하려면** 그리스도교 선동자 중 아무나, 예를 들면 성 아우구스티누스(Augustinus)를 읽어보기만 하면 된다. 누가 혹시라도 그리스도교 운동의 지도자들에게 지성이 결여되어 있다고 가정한다면 그것은 철저하게 자신을 속이는 것이 될 것이다. — 그들은 정말 영리하다. 신성할 정도로 영리하다. 그들 교부들은! 그들에게 결여되어 있는 것은 전혀 다른 것이다. 자연이 그들을 만들었을 때 자연은 그들을 소홀히 했다. — 자연은 그들에게 존경할 만하고 점잖고 **순수한** 본능을 부여하는 것을 잊었던 것이다. …… 우리 사이의 이야기지만 그들은 남자가 아닌 것이다. …… 이슬람교가 그리스도교를 경멸하고 있지만, 그것은 천 번이라도 그럴 만하다. 이슬람교는 **남자**를 전제로 하기 때문이다. ……

60.

그리스도교는 우리에게서 고대 문화의 수확물을 빼앗아 가버렸다. 그리고 그것은 나중에는 **이슬람** 문화의 수확을 빼앗아 가버렸다. 그리스와 로마보다 **우리에게** 근본적으로 훨씬 더 친근한, 감각과 취미 면에서 훨씬 더 친근한 저 스페인의 경이로운 무어인의 문화 세계가 **짓밟힌 것이다.** — 어떤 발로 짓밟혔는지는 말하지 않겠다. — 왜냐고? 왜냐하면 무어인의 문화 세계가 고귀하고 남성적인 본능에 기원을 두고 있었기 때문이고, 희귀하고 세련된 사치스런 삶을 누리면서도 삶을 긍정했기 때문이다! …… 그 후 십자군의 기사들은 자기들이 오히려 그 앞에 무릎을 꿇는 편이 더욱 어울렸을 어떤 것, 곧 우리의 19세기 세계조차 그것에 비하면 아주 빈약하고 '뒤떨어진' 것으로 여겨도 좋은 하나의 문화와 맞서 싸웠다. — 그들은 물론 약탈을 원했다. 동방은 부유했으니까. …… 솔직해지자! 십자군 원정은 — 고등 해적질이었다. 그 이상의 아무 것도 아니었다! — 원래는 바이킹 귀족이었던 독일 귀족은 해적질에서 자신의 본령(本領)을 발휘했던 것이다. 교회는 어떻게 하면 독일 귀족을 **수중에 넣을 수 있을지** 너무나 잘 알고 있었다. …… 독일 귀족은 항상 교회의 '스위스인'[137]이었고 교회의 온갖 나쁜 본능에 항상 봉사하면서도 — **좋은 보수를 받았다**……. 교회는 바로 독일인의 칼과 독일인의 피와 용기를 빌어서 지상의 모든 고귀한 것과 죽기로 싸워왔다! 이 대목에서 수많은 고통스러운 물음들이 제기된

---

137) 교회의 스위스인라는 것은 바티칸의 문지기라는 의미다. 바티칸의 위병(衛兵) 스위스인으로 이루어져 있다.

다. 독일 귀족은 사실상 보다 높은 문화의 역사에서 **모습을 보이는 경우가 없다.** 그 이유는 짐작할 만하다. …… 그리스도교와 알코올 — 사람들을 타락시키는 그 두 가지 **커다란** 수단 때문이리라. …… 이슬람과 그리스도교를 앞에 두었을 때는 아랍인과 유대인을 앞에 두었을 때와 마찬가지로 선택할 여지가 없다. 결정은 이미 내려져 있다. 이 경우에는 선택할 수 있는 자유는 누구에게도 없는 것이다. 어떤 사람이 찬달라**이든가 아니든가**에 따라서 그 사람이 무엇을 선택할지는 이미 정해져 있는 것이다. …… '로마와는 혈전![138] 이슬람과는 평화와 우호', 이것이 저 위대한 자유정신, 독일 황제 가운데 천재인 프리드리히 2세(Friedrich II)가 느꼈던 것이고 **실행했던** 것이다. 뭐라고? 독일인이 **품위 있게** 느낄 수 있으려면 우선 천재여야 하고 우선 자유정신이어야 한다고? 독일인이 어떻게 일찍이 **그리스도교적으로** 느낄 수 있었는지 나는 알지 못하겠다. ……

61.

여기서 독일인들에게 수백 배나 더 고통스러운 기억을 건드릴 필요가 있다. 유럽이 언젠가는 거둬들일 수도 있었을 최후의 위대한 문화적 수확물 — **르네상스**의 수확물을 유럽에서 **빼앗아버린**

---

138) 여기서 로마는 로마제국이 아닌 로마 가톨릭을 말한다고 보아야 한다.

것은 독일인인 것이다. 르네상스가 무엇이었는지를 사람들은 마침 내 이해하게 되었을까? 아니 사람들은 이해하고 **싶은 마음**이 있을 까? 르네상스는 **그리스도교적 가치의 전환**이었다. 그것은 그리스 도교적 가치와는 **대립되는 가치**, 곧 **고귀한** 가치의 승리를 위해서 모든 수단과 본능 그리고 천재를 동원한 시도였다. …… [그리스도 교에 대한] 위대한 싸움은 지금까지 **그것밖에** 없었다. 지금까지 세 상에 있었던 문제제기 중 르네상스의 문제제기보다 더 결정적인 것은 없었다. — 그리고 르네상스가 제기하고 있는 문제는 바로 **내** 가 제기하고 있는 문제이기도 하다. — 르네상스보다 더 근본적이 고 단도직입적으로 그리고 그것보다도 더 준열(峻烈!)하게 전선 전체 에 걸쳐서 적의 중심을 향해 퍼부어댄 **공격**은 지금까지 없었다! 결 정적인 지점에, 그리스도교의 본거지[139]에 공격을 가하는 것, **고귀 한** 가치들을 왕좌에 앉히는 것, 다시 말해 왕좌에 앉아 있는 자의 본능 **속에**, 가장 깊은 욕구와 욕망 **속에** 고귀한 가치들을 집어넣는 것. …… 나는 이 세상의 것이라고는 생각할 수 없는 마력과 찬란 함을 가진 **가능성**을 눈앞에서 본다. — 이러한 가능성은 전율을 불 러일으킬 정도로 세련된 아름다움 속에서 찬란하게 빛나는 것 같 다. 그것에서 작용하고 있는 예술은 너무도 신적이며, 악마적으로 까지 느껴질 정도로 신적인 듯하고, 우리가 몇 천 년에 걸쳐서 찾

---

139) 바티칸을 말한다.

아도 그러한 가능성에 비견될 수 있는 가능성은 있을 것 같지 않다. 나는, 너무나 의미심장하고 너무나 기이하게 역설적이어서 올림포스의 신들이 보았으면 박장대소를 영원토록 그치지 않았을 하나의 광경을 보고 있다. — **교황으로서의 체사레 보르자.**[140] ……
사람들은 내 말을 이해할 수 있을까? …… 좋다. **그런 일**이 일어났다면 그것이야말로 **내가** 오늘날 홀로 바라고 있는 승리였을 것이다. — 이러한 승리와 함께 그리스도교는 **제거되고 말았을 것이다.**
— 그런데 무슨 일이 일어났는가? 독일의 한 수도사, 루터가 로마에 갔다. 복수심으로 들끓는 좌절당한 사제의 모든 본능을 지니고 있던 이 수도사는 로마에서 르네상스를 통렬히 **비난했다.** …… 그는 그리스도교를 그 본거지에서 극복한다는 이 엄청난 사건을 중심으로 감사하면서 이해하는 대신에 — 이러한 장관에서 자신의 증오심을 키울 수 있는 양식만을 찾아냈다. 종교적인 인간이란 자기밖에는 생각하지 않는다. — 루터가 본 것은 교황청의 **부패**였다. 실은 그 반대가 명백하게 되었는데도 말이다. 오래된 타락, 원

---

140) "니체가 [바젤 대학 교수 재직시] 부르크하르트의 〈역사적 위인론〉을 청강하면서 매력을 느낀 생각은 만일 체사레 보르자가 교황이 되었더라면 하는 생각이었다. 교황의 사후 '만일 누구든지 교회국가를 세속화하려는 사람이 있었다면 그것은 바로 체사레 자신'이라고 말하는 부르크하르트는 체사레의 잔학한 행위와 악행을 자세히 설명하고 있다. 사실상 체사레 보르자는 아버지인 교황 알렉산더 6세(Alexander VI, 1492~1503)의 권력을 능가하는 실권을 장악하였으며 잔인성, 기만 등 목적달성의 수단을 가리지 않았던 인물이었다." 『부르크하르트와 니체』, 차하순·정동호 공저, 서강대학교 출판부, 1986, 82~83쪽.

죄(peccatum originale)라는 것, 그리스도교는 이제는 더 이상 교황의 자리에 앉아 있지 **않았다**! 대신 삶이 그 자리를 차지했다! 삶의 승리가! 고귀하고 아름답고 대담한 모든 것에 대한 위대한 긍정이! …… 그리고 루터는 **교회를 재건했다**. 그는 교회를 공격했던 것이다……. 르네상스는 무의미한 하나의 사건, 하나의 엄청난 **헛수고**가 되고 말았다. — 아 독일인들, 그들은 벌써 우리에게 얼마나 많은 해를 끼쳤던가! 허사(虛事)로 만드는 것 — 독일인들이 한 **일**이란 늘 그런 것이었다. — 종교개혁, 라이프니츠, 칸트 그리고 소위 독일철학, '해방' 전쟁, 독일제국(Reich) — 그것들은 번번이, 이

니체는 체자레 보르자가 교황이 되었더라면 그리스도교는 폐지되었을 것이며 니체가 지향하는 가치전환이 이루어졌을 것이라고 보았다. 『우상의 황혼』, 「어느 반시대적 인간의 탐험」 37절에서 니체는 체사레 보르자 및 르네상스 문화와 관련하여 이렇게 말하고 있다.

"**과연 우리는 옛날보다 더 도덕적으로 되었는가**. — '선악을 넘어서'라는 나의 개념에 대해서, 이미 예상했던 일이지만, 주지하듯이 독일에서 도덕 자체로 간주되고 있는 도덕적 어리석음이 극히 격렬하게 전력을 다하여 공격을 가해왔다. 이에 관해서 나는 몇 가지 은근한 이야기를 하지 않으면 안 될 것이다. 무엇보다도 사람들이 나에게 깊이 생각해보라고 충고했던 것은, 윤리적 판단에서 우리 시대가 부정할 수 없을 정도로 우월하며 그 방면에서 진정한 **진보**가 이루어졌다는 것이었다. 그들에 의하면, 내가 했던 것처럼 체사레 보르자와 같은 인물을 **우리 현대인**과 비교해서 '보다 높은 인간'으로서, 일종의 **초인**으로서 내세우는 것은 단연코 안 된다는 것이다. …… 『동맹(Bund)』지의 편집자인 한 스위스인은, 그렇게 대담한 주장을 제기할 수 있는 나의 용기에 경의를 표하면서도 저 저서가 모든 점잖은 감정의 제거를 제안했다는 것을 이해하는 데까지는 나아갔다. 참으로 고마운 일이다(verbunden)! 이에 대한 답변으로서 나는 **우리가 정말 옛날보다 더 도덕적이 되었는가**라는 물음을 던지려 한다. 온 세상 사람들이 그렇게

미 있었던 어떤 것, **더 이상 회복될 수 없는** 어떤 것을 허사로 만드는 것이었다. …… 이 독일인들은, 솔직히 말해서, **나의** 적이다. 나는 그들의 모든 불결한 개념과 가치를 경멸하며, 모든 정직한 긍정과 부정을 대면했을 때 그들이 보이는 **비겁함**을 경멸한다. 거의 천년 동안 그들은 자신이 손을 댄 모든 것을 헝클어뜨리고 혼란스럽게 만들었다. 그리고 그들은 유럽을 병들게 만든 모든 반쪽짜리에 것 [온전치 못한 것] ─ 아니 8분의 3쪽짜리 것들에! ─ 책임이 있다. ─ 그들은 또한 이 세상에 존재하는 가장 불결한 종류의 그리스도교, 가장 치료하기 어렵고, 가장 논박하기 어려운 그리스도교인 프

믿고 있다는 사실이 이미 그것을 반박하는 반증이다. …… 우리 현대인은 매우 섬세하고 상처받기 쉬우며, 오만 가지 배려를 주고받으면서, 우리 모두가 하나같이 이렇게 섬약(纖弱)한 인간성을 갖고 있다는 것, 즉 서로 도우며 **도달했다**는 것이 하나의 긍정적인 진보라고 생각하면서 그 때문에 우리는 르네상스 시대의 인간들을 훨씬 능가하고 있다고 생각한다. 그러나 모든 시대가 그렇게 생각하며 그렇게 생각하지 **않을 수 없다**. 확실한 것은 우리가 우리 자신을 르네상스의 시대 상황에 두지 않으려는 것, 우리가 그러한 상황에 처해 있다고 생각조차 하지 않으려는 것이다. 우리의 근육은 말할 것도 없고 우리의 신경은 르네상스의 현실을 견딜 수 없을 테니까. 그런데 이러한 무능력과 함께 입증되는 것은 진보가 아니라 오히려 다른 것, 즉 더 말기적이고 더 약하며 더 섬약하고 더 상처받기 쉬운 성질이며 이러한 성질로부터 **배려로 가득 찬** 도덕이 필연적으로 발생한다. (…) ─ 각 시대는 그 시대가 지닌 **적극적인 힘**에 따라서 평가되어야만 한다. ─ 그리고 그런 식의 평가에 의하면 르네상스라는 그렇게 힘이 남아돌고[낭비적이고] 숙명적인 불행으로 가득 찬 시대는 **위대했던** 최후의 시대로 드러나고, 자신에 대한 소심한 염려와 이웃 사랑, 노동과 겸손과 공정성과 과학성이라는 덕을 지닌 ─ 수집하고 절약하며 기계적인 정신을 갖는 ─ 우리 현대인들은 연약한 시대의 인간으로 드러난다."

로테스탄티즘에 책임이 있다. …… 우리가 그리스도교를 끝장내지 못한다면 그 책임은 **독일인들**이 져야 할 것이다. ……

62.

이것으로 나는 결론에 도달했기에 판결을 내린다. 나는 그리스도교에 **유죄 판결을 내린다. 나는** 지금까지 어떤 고발자가 입에 담았던 어떤 고발보다도 더 혹독하게 그리스도교 교회를 고발한다. 내가 보기에 그리스도교 교회는 인간이 생각할 수 있는 부패 중의 최고의 부패이며, 가능한 부패 중에서 가장 궁극적인 부패에 대한 의지를 품어왔다. 그리스도교 교회는 어느 것 하나 자신의 타락한 손길을 대지 않고 그대로 둔 것이 없다. 그리고 가치 있는 모든 것을 무가치한 것으로, 모든 진리를 거짓말로, 모든 정직한 영혼을 비열한 영혼으로 만들어왔다. 그런데도 사람들은 나에게 감히 교회의 '인도주의적인(humänitär)' 축복에 대해 이야기하려 든다! 그리스도교 교회로서는 어떠한 불행이 됐든 그 불행을 **없애는 것**은 그지없이 불리한 일이었다. 교회는 불행을 양식으로 삼아 살아왔고 **스스로를** 영원한 것으로 만들기 위해 불행을 **만들어냈다.** …… 가령 죄라는 벌레가 그 예다. 교회야말로 인간에게 이러한 불행을 듬뿍 가져다주었다. — '신 앞에서의 영혼의 평등'이라는 그 허위, 모든 저열한 자의 원한을 위한 그 **구실**, 마침내는 혁명과 근대적 이념과 사회 질서 전체가 쇠망하게 되는 원리가 되고 만 개념인 이 폭발물 — **그리스도교적인** 다이너마이트다. 그리스도교의 '인도 주의적' 축복! 이것은 **인간성**(humanitas)으로부터 자기모순을, 자 기 모독의 기술을, 그리고 어떠한 희생을 치르더라도 거짓에의 의 지를, 선하고 정직한 모든 본능에 대한 반감과 경멸을 길러내는 것 에 지나지 않는다! 이것이 그리스도교의 축복이란 것이다! — 교회 의 **유일한** 실천은 기생(寄生)하는 것(Parasitismus)이다. 교회는 빈혈 증적인 이상(Ideal)인 '신성함'의 이상으로 모든 피, 모든 사랑, 삶에 대한 모든 희망을 전부 마셔서 고갈시켜버린다. '피안'이란 모든 종 류의 현실을 부정하려는 의지이며, 십자가란 지금까지 있었던 것 중에서 가장 지하적인 음모에 대한 표지일 뿐이다. 십자가는 건강, 아름다움, 훌륭한 바탕, 용감성, 정신, 영혼의 **선의**를 타파하려는, **삶 자체를 파괴하려는** 음모다. ……

벽이 있는 곳이면 나는 어디든 그리스도교에 대한 이 영원한 고 발을 적어놓겠다. — 나는 소경도 볼 수 있는 글자를 가지고 있다. …… 나는 그리스도교를 **단 하나의** 엄청난 저주, **단 하나의** 엄청난 가장 내적인 타락, **단 하나의** 엄청난 복수 본능이라고 부른다. — 그에 비하면 그 어떤 수단도 독성이 강하다거나, 은밀하다거나, 지 하적이라거나, 비소하다고 할 수 없다. — 나는 그리스도교를 인류 의 **단 하나의** 영원한 오점이라고 부른다. ……

그런데 우리는 그 숙명적 불행이 시작된 흉일(dies nefastus)을 기점으로 — 곧 그리스도교가 시작된 첫날을 기점으로 **시간**을 계산하고 있다! — **왜 그리스도교의 최후의 날을 기점으로 하여 계산하지 않는 것인가?** — **오늘부터**, 모든 가치의 전환이 이루어진 오늘부터[141] 말이다!

<hr>

141) 1888년 9월 30일.

그리스도교 탄압법[142]

제1년의 첫째 날, 구원의 날에(잘못된 시간 계산법으로는 1888년 9월 30일에) 선포되었다.

악덕에 대한 사투: 그리스도교는 악덕이다!

제1조. 모든 종류의 반자연은 악덕이다. 가장 악덕한 인간은 사제다. 그는 반자연을 **가르치기** 때문이다. 사제와는 논쟁을 할 필요가 없다. 그냥 교도소에 처넣어라.

제2조. 어떤 식으로든 예배에 참석하는 것은 공중도덕을 어기는 짓이다. 가톨릭 신자보다는 프로테스탄트 신자들에게 더 엄격해야

---

142) '그리스도교 탄압법'이 원래 『안티크리스트』를 위해서 쓰인 것인지에 대해서는 불확실한 점들이 있다. 이 점 때문에 니체전집 고증본(Kritische Nietzsche Gesamtausgabe)을 편찬한 콜리(Giorgio Colli)와 몬티나리(Mazzino Montinari)는 이 부분을 실을 때 작은 글씨체로 표기하였다.

하며, 독실하게 믿는 자들보다는 리버럴한 프로테스탄트들에게 더 엄격해야 한다. 그리스도교인에게 존재하는 범죄적인 성격은 사람들이 학문에 가까이 다가가는 정도에 따라서 증대된다. 따라서 모든 범죄자 가운데 가장 심각한 범죄자는 **철학자다**.[143)]

제3조. 그리스도교가 바실리스크[144)]의 알을 부화했던 저주받아 마땅한 곳은 완전히 파괴되어야 한다. 그곳은 지상에서 **가장 사악한** 곳으로 간주되어 후세의 모든 사람에게 공포의 대상이 되어야만 한다. 거기에서는 독사를 사육해야만 한다.

제4조. 순결을 가르치는 설교는 사람들을 반자연적인 것으로 향하도록 공공연하게 자극하는 것이다. 성생활에 대한 모든 경멸, 성

---

143) 니체가 그리스도교를 리버럴하게 믿고 철학을 비롯한 학문에 가까운 자들을 더 위험한 자로 간주해야 한다고 보는 이유로 두 가지를 들 수 있을 것 같다.

첫째로 이들은 독실하게 믿는 사람들보다 더 진실성의 덕에 반하고 있다. 왜냐하면 이들은 실질적으로 인격신에 의한 세계 창조나 부활 등과 관련된 그리스도교의 신화적인 내용을 믿지 않으면서도 그리스도교를 여전히 믿고 있는 것처럼 스스로 생각하고 행동하기 때문이다.

둘째로 철학자들은 그리스도교를 근대인들이 받아들일 수 있는 합리적인 형이상학의 형태로 변양시키면서 온존하는 데 가장 주도적인 역할을 하고 있다. 니체가 모든 범죄자 가운데 가장 심각한 범죄자는 철학자라고 말하는 것은 이 때문이다.

144) 바실리스크(Basilisk)는 아프리카 사막에 살고 있으며, 사람들을 잡아먹는 전설상의 뱀이다.

생활을 '불결하다'는 개념을 통해 더럽히는 것은 삶의 성스러운 정신에 대한 진정한 죄다.

제5조. 사제와 한 자리에서 식사하는 사람은 축출해버려라. 사제와 식사를 함께 함으로써 사람들은 자신을 정직한 사회로부터 자신을 파문한 것이다. 사제는 **우리의** 찬달라다. — 그를 추방하고 철저하게 굶겨서 사막으로 내쫓아야만 한다.

제6조. '성스러운' 역사를 그것에게 마땅한 이름인 **저주받은** 역사라고 불러야만 한다. '신' '구세주' '구원자' '성자'라는 말들을 욕으로 사용하거나 범죄자에 대한 표지로 사용해야 한다.

제7조. 나머지는 이상으로부터 따라나온다.

안티크리스트

I.『안티크리스트』의 성격과 의의

니체의『안티크리스트』는 그 제목이 이미 시사하듯이 그리스도교 비판을 주요한 목표로 삼고 있다. 역사상 그리스도교를 비판하는 책들은 많았지만 니체의『안티크리스트』만큼 비판의 강도가 신랄한 책은 전무후무할 것이다.

니체의『안티크리스트』는 니체가 죽기 12년 전인 1888년 늦여름과 가을에 저술되었다. 니체의 저작 가운데『이 사람을 보라』가『안티크리스트』보다 늦게 저술되었지만,『이 사람을 보라』는 자전적인 성격을 가진 것이기 때문에 자신의 사상을 본격적으로 펴는 책은『안티크리스트』가 마지막이라고 해야 할 것이다. 따라서『안티크리스트』는 니체의 최종적인 사상을 담은 책이라고 할 수 있다. 나중에 보겠지만 니체는 한때 '모든 가치의 전환'이라는 부제를 붙였을 정도로 이 책에서 자신이 일생 동안 시도한 가치전환의 총결산이 이루어졌다고 생각했다.

『안티크리스트』에서 가치전환의 총결산을 행하고 있다고 생각했던 만큼, 니체는 이 책에서 그리스도교뿐 아니라 그것과 연관된 플라톤 이래 헤겔과 쇼펜하우어 그리고 사회주의나 무정부주의 등의 사조에 이르는 서양철학도 신랄하게 비판하고 있다. 니체에게 그리스도교는 서양철학의 역사 전체와 분리된 특별한 현상이 아니다. 니체에 따르면 그리스도교는 자신 이전의 플라톤주의에 뿌리를 두면서, 특정한 종교로서의 그리스도교가 역사를 규정하는 힘을 상실한 근대를 거쳐 오늘날에도 칸트를 비롯한 이상주의 철학의 형태나 민주주의나 공리주의 혹은 사회주의나 무정부주의 형태로 변형되어 나타나고 있는 것이다. 이 점에서 우리는 니체가『안티크리스트』에서 수행하는 그리스도교 비판은 비단 그리스도교를 비판하는 데 그치지 않고 서양 역사 전체를 면면히 규정하는 그리스도교적인 사고방식 전체를 비판하고 있다고 볼 수 있다. 따라서 우리는 '신은 죽었다'는 니체의 말은 그리스도교의 종말을 선언하는 말일 뿐 아니라 모든 종류의 그리스도교적인 사고방식의 종말을 선언하는 말로 이해해야 한다.

이 점에서 우리는 그리스도교에 대한 니체의 대결은 그 폭과 철저함에서 유례를 찾아볼 수 없는 것이라는 한스 큉의 견해에 동의할 수 있으며 또한 그와 마찬가지로 니체의 그리스도교 비판을 마르크스나 포이어바흐의 그리스도교 비판보다 훨씬 더 철저한 것으로 볼 수 있다. 마르크스나 포이어바흐는 특정한 종교형태로서의 그리스도교를 비판할 뿐이지만 니체는 마르크스나 포이어바흐의 사상까지도 포함하는 그리스도교적 사고방식 전체를 비판하고 있기 때문이다. 니체가 보기에는 그리스도교적 평등사상에 사로잡혀 있는 한 마르크스나 포이어바흐도 그리스도교적 사고방식의 연장에 불과한 것이다. 니체는 이 책에서 그리스도교뿐 아니라 플라톤에서 근대의 이상주의 철학을 거쳐 현대의 사회주의나 무정부주의에 이르기까지 서양의 전통 철학이 가지고 있는 병적인 성격을 드러내면서 이러한 병적인 성격이 그것들의 교설에 어떤 식으로 반영되어 있으며 그것들이 인간을 어떤 식으로 병들게 하는지를 예리한 심리학자의 솜씨로 분석하고 있다.

니체가 『안티크리스트』에서 그리스도교에 가하는 비판이 워낙 신랄하기 때문에 사람들은 니체가 그리스도교에 대해 극히 거칠게 비판하고 있다고 생각하기 쉽다. 그러나 니체는 이 책에서 제도화된 그리스도교와 예수의 진정한 가르침을 철저하게 대립적인 것으로 보며, 그 둘을 선명하게 구별한다. 이 점에서 니체의 분석은 그것이 맞든 틀리든 간에 상당히 섬세하다고 할 수 있을 것이다. 니체는 아울러 이 책에서 그리스도교와 불교의 차이도 매우 섬세하게 분석하고 있는데, 이는 각 종교가 지닌 특성 대해서 니체가 극히 예민한 후각을 지녔음을 보여준다.

옮긴이는 그리스도교나 불교 그리고 예수에 대한 니체의 분석이 상당한 타당성을 가지면서도 일정 부분 문제점이 있다고 생각한다.

그럼에도 본인은 니체의『안티크리스트』는 그리스도교를 무조건적으로 받아들이지 않고 그것과 진지하게 대결하고 싶은 사람들이나 그리스도교뿐 아니라 종교들의 본성과 전개과정에 대해 깊이 생각하고 싶은 사람들은 반드시 읽어보아야 할 책이라고 생각한다.

또한 옮긴이는 니체의『안티크리스트』는 그리스도교를 믿는 사람들에게도 긍정적 의미를 가질 수 있다고 생각한다. 저명한 가톨릭 신학자인 한스 큉은 니체의 그리스도교 비판이 갖는 긍정적인 의의에 대해 이렇게 말하고 있다. 약간 길게 인용하는 것을 양해해 주기 바란다.

첫째, 니체의 교회 비판에 진실한 말이 얼마나 많이 들어 있는가? 인간 영혼 위에 권력을 행사하는 권력 구조로서의 교회, 일종의 가짜 국가라고? 예수의 복음과 정반대되는 교회, 진솔하고 직진하는 인류와 상반되는 교회라고? 온갖 인간적 위대함과 충돌을 일으키면서 교회가 불가결한 존재라고 내세우는 교회라고? 심리적 위조의 본거지로서의 교회, 삶의 자연적인 가치들을 평가절하하고 사람들의 사생활 속에 침범해 들어오는 교회라고? 삶으로부터 소외되고 움직이지 못하고 굳어진 신, 그 신을 매장하는 무덤지기로서의 교회라고?

둘째, 니체의 사제직 비판에 진실한 말이 얼마나 많이 들어 있는가? 사제란 세계 역사에 나타난 대단한 증오꾼들이라고? 가장 매끈하고 의식하는 위선자들이라고? 삶에 독을 넣은 자들이요 사람들의 죄와 두려움의 감정과 죄책감을 먹고 사는 기생충들이라고? 감성과 과학을 둘 다 두려워하고 자유와 삶을 둘 다 말살하는 자들이라고? 너무도 오랫동안 사제들을 인간의 최고 유형이요 이상으로 잘못 보았다고?

셋째, 니체의 신 관념 비판에 진실한 말이 얼마나 많이 들어 있는가? 적개심과 평민적 도덕심에서 생겨난 것이 신 관념이요, 선과 악이라는 이 측은한 놈팡이 도덕 위에 군림하고 있는 것이 신 관념이라고? 신 관념으로부터 강하고 용맹하고 영웅적이고 당당한 모든 것이 제거되어버리고 신을 약자들과 병자들과 데카당트들의 하느님, 가난한 사람의 하느님, 죄인의 하느님, 병든 사람의 하느님으로 만들어버렸다고? '은총'이니 '섭리'니 '구원의 체험'이니 하는 모든 언사들에서 신적인 술책을 얼마나 남용하고 있는지 모른다고 공격한 프리드리히 니체의 비판들 가운데 얼마나 많은 것이 참일까? 적시에 감기를 낮게 하는 신, 폭우가 쏟아져 내리는 바로 그 순간에 우리를 동굴 속에 끌어넣어주는 신이라는 것이 얼마나 '부조리'한 것이냐는 그 말은? 말하자면 '머슴'에다 '파발꾼'에다 '산타클로스' 그 이상의 역할을 하는 신인가? 도대체 이런 말들은 우연 치고도 가장 어처구니없는 우연이다. 이 같은 신 비판이 결국은 인간을 위해서 내려진 비판임에 틀림없지 않은가? 인간을 마비시키는 지식, 옹졸한 도덕적 미신, 신을 향하는 억압적인 사랑에 항거하여 인간 전체를 보호하기 위해서 말이다. 니체는 결국 인간을 위해서 신을 청산해버린 것이 아닌가? 신 없음이 그 자체가 목적이 아니었고 인간 존재를 경멸하는 신에 대한 신앙에 관한 노파심이 아니었을까? 종교적 영에 의해서 초래된 소외로 말미암아 인간 실존의 직접성이 위협을 받을 수도 있지 않을까?[1]

그리고 니체가 고통받고 죄 많고 열등하고 보잘것없는 '전형적인' 그리스도인이라고 그려놓은 이 모습이 오늘에 와서도 단순히 하나의 희화에 불과하다고 감히 단언할 사람이 그 누구겠는가?[2]

한스 큉은 니체의 그리스도교 비판을 이렇게 일정 부분 겸허하게 받아들이면서 니체를 이렇게 평가하고 있다.

그 사상의 예리함과 심원함과 철저함에 있어서 그 누구도 니체와 필적하지 못하였다. 포이어바흐도, 마르크스도, 프로이트도 그에 미치지 못한다.[3]

물론 나중에 다시 보겠지만 한스 큉은 니체가 그려내고 있는 그리스도교가 그리스도교의 전부는 아니라고 본다. 그럼에도 한스 큉은 니체의 그리스도교 비판이 전혀 무근거하다고 보지 않는다.

1) 한스 큉, 『신은 존재하는가(*Existiert Gott?*)』, 성염 옮김, 분도출판사, 1994, 562쪽.
2) 같은 책, 565쪽.
3) 같은 곳.

또한 한스 큉은 니체의 그리스도교 비판이 인간을 타락시키려는 의도에서가 아니라 오히려 인간의 건강한 삶을 회복하려는 의도에서 비롯된 것이라는 사실을 인정하고 있으며 그리스도교는 자신의 개혁을 위해서라도 니체의 비판에 귀를 기울여야 한다고 본다. 옮긴이 역시 한스 큉의 견해에 동의하는 바다.

아울러 『안티크리스트』는 그리스도교에 대한 비판에 그치지 않고 니체가 자신의 사상을 전개하는 책이기도 하다. 앞에서 언급한 것처럼 『안티크리스트』는 자신의 사상을 개진하는 책으로서는 마지막이기 때문에, 니체가 자신의 사유도정을 총결산하는 저작이라고 할 수 있다. 니체가 도달한 최종적인 사상을 알고 싶은 사람들에게는 『안티크리스트』는 빼놓을 수 없는 책인 것이다.

II. 『안티크리스트』의 성립과 출간 그리고 구성

맨 앞에서 언급한 것처럼 『안티크리스트』를 위한 원고는 원래 1888년에 완성되었다. 니체는 원래 이 책을 2년 내에 유럽의 주요 언어로 번역하게 하고 대규모로 발간할 계획이었다. 그러나 니체의 이 저술은 1894년이 되어서야 비로소 니체의 누이동생인 엘리자베트 푀르스터 니체(Elisabeth Förster Nietzsche)에 의해 네 군데가 삭제된 상태로 출간되었다. 삭제된 부분은 1955년에 카를 슐레히

타(Karl Schlechta)가 출간한 니체전집에서 보정(補正)되었다. 1969년에 출간된 콜리(Giorgio Colli)와 몬티나리(Mazzino Montinari)의 고증본(Kritische Nietzsche Gesamtausgabe)에는 마지막 부분에 '그리스도교 탄압법'이 덧붙여져 있다. 본 한국어판 번역은 이 고증본을 텍스트로 했다.

『안티크리스트』는 니체가 원래 네 권의 책으로 계획했지만 완성하지는 못했던 주저 『모든 가치의 전환(Umwertung aller Werte)』의 첫째 권으로 보인다. 이 네 권의 제목은 다음과 같다.

1. 안티크리스트, 그리스도교 비판을 위한 시도(Der Antichrist, Versuch einer Kritik des Christentums)

2. 자유로운 정신, 허무주의적 운동으로서의 철학에 대한 비판(Der freie Geist, Kritik der Philosophie als einer nihilistischen Bewegung)

3. 비도덕주의자, 무지의 가장 유해한 양식인 도덕에 대한 비판(Der Immoralist, Kritik der verhängnisvollsten Art von Unwissenheit, der Moral)

4. 디오니소스, 영원회귀의 철학(Dionysos, Philosophie der ewigen Wiederkunft)

네 권 중에서 첫째 권만이 완성되었지만, 1888년 11월 말 니체는 이 첫째 권에서 이미 자신이 계획했던 가치전환이 모두 수행되었다고 보았다. 이에 따라 이 첫째 권에는 '안티크리스트 — 모든 가치의 전환(Der Antichrist. Umwertung aller Werthe)'이라는 제목과 부제가 붙여졌다. 그러나 니체는 나중에 제목과 부제를 '안티크리스트 — 그리스도교에 대한 저주(Der Antichrist. Fluch auf das Christentum)'로 바꾸게 된다.[4]

『안티크리스트』는 서문과 62절로 구성되어 있으며 앞에서 언급한 것처럼 맨 마지막 부분에 '그리스도교 탄압법'이 덧붙여져 있다. 『안티크리스트』에 대한 방대한 주해서를 쓴 좀머(Sommer)는 『안티크리스트』를 크게 다섯 부로 나누면서 각 절이 다루는 주제를 다음과 같이 파악하고 있다.[5]

1부. 비판의 근본원리: 서문과 1절에서 13절까지

서문: 이상적인 독자들이 미리 갖추어야 할 점들
1. 히페르보레오스인들이 자신을 개시함.
2. 새로운 가치.
3. '보다 높은 인간들'의 육성.
4. 개인의 발전 대(對) 인류의 발전.

---

4) 이상의 내용에 대해서는 *Der Antichrist-Fluch auf das Christentum, mit Beiträge von Andreas Urs Sommer und Thomas Jöchler*, RaBaKa Publishing, Neuenkirchen, 2008, 113쪽 이하 참조.

5) Andreas Urs Sommer, *Friedrich Nietzsches 『Der Antichrist』*, Basel, 2000, 9쪽 이하 참조.

5. 개인의 발전에 장애가 되는 그리스도교.

6. 근대의 근본조건으로서의 '타락'과 허무주의적인 데카당스.

7. 그리스도교적이고 데카당한 '연민'.

8. 신학자들의 정신과 금욕적인 이상에 의한 철학의 감염.

9. 신앙, 진리 그리고 허무주의.

10. '신학자'의 사고방식에 구속되어 있는 독일철학.

11. 칸트의 의무 의식과 안티크리스트의 의무.

12. 지적인 정직성 대 사제의 '거짓말'.

13. 자유로운 정신들의 방법이 관철되기 위해서는 수천 년이 필요하다.

2부. 그리스도교를 다른 종교와 비교함. 그리스도교의 신 개념과 불교: 14절에서 23절까지

14. 새로운 안티크리스트적 인간학.

15. 그리스도교의 상상적 논리.

16. 무력하고 선량한 존재로 신이 전락함.

17. 신에 대한 교설에 존재하는 이원론과 유대적인 신의 몰락.

18. 생을 부정하는 그리스도교적인 신.

19. 그리스도교의 신에 의해서 '강한 종족'이 퇴락하게 됨.

20. 허무주의적인 종교이자 실천으로서의 불교.

21. 불교의 평정(Gelassenheit) 대 그리스도교의 몽매함(Obskuran-tismus).

22. 그리스도교는 야만인들을 길들이려 하는 반면에 불교는 고통을 제어하려 함.

23. 그리스도교의 동방적인(orientalish) '미묘함'과 고통의 해석 그리고 그리스도교의 주요한 덕.

3부. 이스라엘에서 이루어진 자연적 가치의 탈자연화와 '구세주의 유형': 24절에서 35절까지

24. 유대교의 정신으로부터 탄생한 그리스도교.

25. 이스라엘 민족의 역사가 진행되는 과정에서 자연적 세계관계가 상실됨.

26. 유대의 역사를 사제들이 왜곡함.

27. 유대교의 무정부주의적 연장인 그리스도교.

28. '구세주의 심리학'의 구상.

29. '구세주의 심리학'에 대한 최초의 접근.

30. '구원의 교리'의 생리학적 전제.

31. 추후적 투사(投射)의 산물인 복음서 속 예수.

32. 어린애 같은 '자유로운 정신'의 예수.

33. '복음'과 '지복'으로서의 '새로운 실천'.

34. '상징주의자'로서의 예수 대 교회의 그리스도론.

35. 복음적인 삶의 실천(Lebenspraxis)을 위한 지침으로서의 예수의 수난(受難).

4부. 재앙으로서의 그리스도교의 역사: 36절에서 49절까지

36. 그리스도교에 대한 심판자로서의 '자유롭게 된 정신들'.

37. 오해의 총합인 그리스도교의 역사.

38. 안티크리스트는 현재를 심판하지 과거를 심판하지 않는다.

39. 그리스도교의 두 개념과 왜곡을 위한 심리학적인 전제들.

40. 예수의 죽음으로 인해 제자들의 복수욕에 불이 붙음.

41. 예수의 죽음에 대한 합리화인 희생 이론.

42. 바울, '증오로 가득 찬 사제적인 천재'.

43. '인격의 불사(Personal-Unsterblichkeit)'라는 관념이 약한 자들의 가치를 격상한다.

44. 도덕적인 왜곡의 걸작인 복음서.

45. 안티크리스트의 입장에서 신약성서를 인용함.

46. 신약성서에 대한 비판의 '도덕'.

47. 이성과 과학을 부정하는 신으로서의 바울의 신.

48. 타죄(墮罪)의 역사에 대한 우의(寓意)적 해석: 신의 심리학에 대해서.

49. 과학에 대한 사제의 투쟁수단으로서의 '죄'.

5부. '신앙의 심리학'과 그리스도교의 정치화: 50절에서 62절까지, 그리고 '그리스도교 탄압법'

50. 힘을 통한 신앙의 증명과 쾌감과 진리의 비동일성.

51. 그리스도교를 가능하게 하는 조건으로서의 병.

52. 정신에 대한 적대와 문헌학적 능력의 결여 그리고 섭리에 대한 신앙.

53. 순교가 그리스도교의 참됨을 증명하지는 않는다.

54. '회의가' 대 '신앙인' 그리고 '수단'으로서의 '확신'.

55. '확신'과 성스러운 '거짓말'.

56. '성스러운' 목적과 '나쁜' 목적. 마누법전과 성서.

57. 마누법전에 따른 자연질서와 신분질서.

58. 로마제국의 무정부주의적인 파괴자로서의 그리스도교인.

59. '고대세계'의 '수확'의 파괴.

60. 이슬람교, 십자군과 독일의 귀족.

61. 안티크리스트적인 르네상스와 독일인들의 죄.

62. [그리스도교에 대한] 유죄판결의 선포와 그러한 판결의 근거.

우리는 각 절을 그 내용에 따라 다음과 같이 분류할 수도 있을 것이다.[6]

1~7절: 그리스도교 비판의 근본원리.

8~14절: 그리스도교의 연장인 서양철학에 대한 비판.

15절: 그리스도교 비판.

16~19절: 그리스도교의 신 개념 비판.

20~23절: 그리스도교와 불교의 비교.

24~27절: 그리스도교의 기원.

28~35절: 예수에 대한 심리학적 해석.

37~46절: 바울에 의해 왜곡된 예수.

47~49절: 그리스도교에 의한 과학의 거부.

50~55절: 그리스도교 신앙에 대한 심리학적 해부.

56~57절: 그리스도교와 마누법전의 비교.

58~61절: 로마문명을 비롯한 고대의 훌륭한 유산과 르네상스가 그리스도교에 의해서 어떻게 파괴되었는지에 대한 분석.

---

6) *Der Antichrist-Fluch auf das Christentum, mit Beiträge von Andreas Urs Sommer und Thomas Jöchler*, 113쪽 이하 참조.

III. 『안티크리스트』의 내용[7]

『안티크리스트』는 그리스도교에 대한 비판을 주요한 목표로 하고 있지만, 니체는 이 책에서 그리스도교가 가지고 있는 병적인 특성을 분명히 드러내기 위해 불교 및 이슬람교와 그리스도교를 비교하면서 불교나 이슬람교에 대해서도 나름의 평가를 내리고 있다. 그러나 이슬람교에 대한 언급은 극히 소략(疏略)하고, 불교에 대해서는 상당히 상세하게 분석하였다. 니체는 불교에 대해 다른 저작들에서도 언급을 하고 있기는 하지만 『안티크리스트』에서만큼 불교의 기원과 본질적 특성에 대해 체계적으로 다룬 적은 없었다. 여기서는 우선 니체가 불교와 그리스도교를 어떤 식으로 비교하는지 살펴보면서 니체가 어떤 점에서 그리스도교를 비판하고 있는지를 분명히 하려고 한다.

---

7) 이 해제의 상당 부분은 옮긴이의 졸고 「불교와 그리스도교에 대한 니체의 견해에 대한 비판적 고찰 ― 에리히 프롬과의 비교를 통해서」(《존재론연구》 제27집, 한국하이데거학회, 2011년)를 다듬은 것이다. 아울러 해제라는 글의 성격상, 인용문을 제외하고는 출처 표기를 가능한 한 최소화한 것을 양해해주기 바란다.

1. 니체가 보는 불교와 그리스도교의 차이

1) 불교에 대한 니체의 견해

우선 니체는 불교와 그리스도교를 똑같이 허무주의적이며 데카당스적인 종교로 본다. 여기서 허무주의적이라는 것은 양자가 모두 현실을 고통에 가득 찬 부정적인 것으로 보면서 현실에 대한 적극적인 대응 대신에 내면이나 피안으로 도피하고 있다는 의미이며, 데카당스적이라는 것은 양자가 모두 생명력의 약화와 퇴화에서 비롯되었으며 또한 생명력의 약화와 퇴화를 조장하고 있다는 의미다.

그러면서도 니체는 불교와 그리스도교는 근본적으로 서로 다를 뿐 아니라 불교는 그리스도교보다 훨씬 뛰어난 종교라고 말하고 있다. 니체는 그 이유로 다음 두 가지를 든다.

첫째로 불교는 그리스도교보다 훨씬 현실적이어서 문제를 냉정하고 객관적으로 제기한다. 보다 구체적으로 말하자면 불교는 무엇보다 인간이 부딪히는 고통의 문제를 신이나 원죄와 같은 허구적인 개념을 끌어들여 설명하려고 하지 않았다.

둘째로 불교는 그리스도교와는 달리 선악을 넘어서 있다. 그리스도교의 경우 어떠한 행위가 선이고 어떠한 행위가 악인지는 신의 율법에 의해 영원히 불변적으로 정해진 것으로 간주되는 반면에, 불교는 인간의 고통을 극복하는 데 도움이 되는 것은 선한 것이고 인간의 고통을 극복하는 데 도움이 되지 않는 것은 악으로 본다. 즉 선악이란 개념은 그리스도교의 경우 신에 의해 규정된 것으로 무조건 준수되어야 하지만, 불교의 경우는 인간이 자신의 행복과 고통 그리고 자신의 행위 사이에 존재하는 인과관계를 엄밀히 관찰하여 스스로 정할 수 있는 것이며 상황에 따라 얼마든지 변화될 수 있는 것이다. 이 점에서 불교는 '선악을 넘어서 있다'고 니체는 평가한다.

니체는 불교가 모든 종교들과 마찬가지로 특정한 생리적 조건 및 역사적 조건 아래서 나타났다고 본다. 니체는 불교가 발생할 당시 인도 지식인 계층을 규정했던 생리적 조건을 '고통에 대해 지나치게 민감한 감수성'으로 보았다. 인도의 상류계층은 오랫동안 개념적인 작업에 몰두함으로써 야성적이고 건강한 본능을 상실하고 자그마한 고통도 두려워할 정도로 지나치게 민감한 감수성을 갖게 되었다는 것이다. 니체는 이러한 생리적 조건이야말로 우울증이 쉽게 발생할 수 있는 상태라고 보면서, 부처의 사상은 우울증을 극복하는 데 도움이 되는 위생학적인 성격을 띤다고 본다. 니체는 이렇게 말한다.

그[부처]는 광활한 대기 속에서의 생활과 유랑생활을 권한다. 식생활에서의 절제와 선택, 모든 주류(酒類)에 대한 경계, 이와 마찬가지로 분노를 일으키고 피를 끓게 하는 모든 격정에 대한 경계, 자신을 위해서도 타인을 위해서도 **번뇌하지** 않을 것을 권한다. 그는 평안하게 하거나 마음을 밝게 하는 상념을 요구한다. (…) 그의 가르침이 가장 경계하는 것은 복수심, 반감, 원한이다('적의에 의해서는 적의가 종결되지 않는다'는 것이 바로 모든 불교의 감동적인 후렴구다…….) 그리고 이것은 옳은 말이다. 왜냐하면 바로 이러한 정념이야말로 중요한 섭생 목적에 비추어볼 때 전적으로 **불건강한** 것이기 때문이다.[8]

이런 맥락에서 니체는 불교의 본질을 지나친 '객관성'을 추구하는 데 따른 정신적인 피로와 우울증에 대한 처방으로 본다. 이와 함께 니체는 부처에게는 이기주의가 하나의 의무가 된다고 말하고 있다. 이 경우 이기주의란 남들을 고통스럽게 하면서 자신의 이익만을 취한다는 것이 아니라 자신의 행복과 건강을 가장 중요한 것으로 보면서 그것에 관심을 갖는 태도를 말한다. 부처는 당시 인도의 지식인들에게 객관성을 추구하는 일에서 벗어나 '어떻게 하면 괴로움에서 벗어날 수 있는가'라는 문제에 몰두하게 했다는 것이다.

이상의 분석을 토대로 하여 니체는 불교의 특성을 다음과 같이

---

8) 『안티크리스트』, 20절.

정리한다.

첫째로 불교를 낳은 집단은 매우 온화한 풍토와 관습을 가진 학문을 한 상층계급이며, 이들은 전투적이지 않으며 유화(宥和)적일 뿐 아니라 관대하다.

둘째로 이들은 명랑·평정·무욕을 최고의 목표로 지향하며 인간이 이러한 목표에 도달할 수 있다고 생각한다. 즉 불교는 완전성을 동경만 하는 종교가 아니다. 완전한 것이란 불교에서는 정상적인 것이다.

2) 그리스도교에 대한 니체의 견해

니체는 그리스도교는 불교와 달리 학문을 한 상층계급에서 비롯된 것이 아니라 정복된 자 및 억압받는 자들에게서 비롯되었다고 본다. 따라서 그리스도교는 정복자와 억압자들에 대해서 정복된 자와 억압받는 자들이 행하는 '일종의 정신적인 복수'라는 성격을 띤다. 그리스도교도들은 지상의 지배자들을 사탄으로 생각하고 이들이 지옥에 떨어질 것이라고 믿으면서, 지옥에서 이들이 고통받는 모습을 천국에서 지켜볼 자신의 모습을 상상하며 만족한다. 아울러 그리스도교도들은 지상의 지배자들은 '육체'에만 관심을 두는 반면 자신들은 오직 '영혼'에만 관심이 있다고 말하면서 자신들이 지배자들보다 더 우월하다고 믿는 방식으로 자신들의 힘에 대한 의지를 만족시킨다.

이 점에서 니체는 그리스도교가 불교와는 정반대의 성격을 갖는다고 본다. 즉 불교는 모든 원한과 적개심으로부터 해방된 쾌활한 상태를 지향하는 반면에, 그리스도교는 정복된 자와 억압받는 자들이 자신을 괴롭히던 자들에 대해 가진 원한과 적개심을 반영하고 있을 뿐 아니라 그러한 원한과 적개심을 정당화하고 심화한다는 것이다.

니체는 이러한 근본적 성격으로 인해 그리스도교는 세부적으로는 다음과 같은 내용과 성격을 갖게 된다고 본다.

첫째로 그리스도교는 지배자들이 갖춘 정신·긍지·용기·자유·정신의 방종·감각적 향유 등을 증오하며 감각의 기쁨과 지상에서의 기쁨 일반을 증오한다.

둘째로 이와 함께 종교에서는 이른바 지상에 속하는 모든 것, 즉 육체와 본능적 충동이 죄악시되며 이에 따라 위생이나 목욕을 비롯해 육체를 돌보는 일은 경멸스런 행위로 간주된다. 따라서 그리스도교는 자신과 타인에 대해 잔인한 면이 있다.

셋째로 그리스도교에서는 육체 및 본능과 끊임없이 투쟁하지만 그것들의 불가항력적인 힘을 경험하기 때문에 사람들은 끊임없이 자신의 죄를 고백하고 자책하고 열정적으로 용서를 간구한다. 불교사원은 적정(寂靜)이 지배하는 반면, 그리스도교에서는 죄를 고백하고 용서를 갈구하는 통곡이 지배한다. 즉 그리스도교에서는 불교에서처럼 명랑·평정·무욕이 추구되는 것이 아니라 자신들의 죄를 용서해줄 하느님이라 불리는 권력자를 둘러싼 격정이 부단히 유지된다. 니체는 그리스도교에서 행해지는 죄에 대한 결의(決疑, Casuistik)와 자기비판, 양심의 심문은 권태를 없애기 위한 방법이기도 하다고 말하고 있다.

넷째로 불교가 밝은 상념을 북돋우려고 하는 반면, 그리스도교에서는 죄와 지옥의 형벌과 같은 음산하면서도 자극적인 생각이 전면에 나와 있다. 그리스도교에서 가장 열렬히 추구되고 가장 높은 이름으로 칭송되는 상태, 이른바 신과 만나는 상태는 간질병적인 상태다. 따라서 그리스도교에서는 섭생법도 병적인 현상들을 조장하고 신경을 과도하게 자극하는 방식으로 행해진다.

다섯째로 불교가 광활한 대지를 찾는 반면, 그리스도교는 은밀하고 어두운 공간을 찾는다. 그리스도교에는 공개적인 성격이 결여되어 있다. 이는 그리스도교에서 죄의 고백이 중요한 역할을 한다는 것과 연관이 있다.

여섯째로 불교에서는 완전한 최고의 상태는 인간 자신의 힘으로 도달할 수 있는 것으로 간주되는 반면, 그리스도교에서는 최고의 것은 도달 불가능한 것으로 간주되며 신의 선물이나 은총으로 여겨진다.

일곱째로 불교가 자신을 다른 종교에 강요하지 않으려 하는 반면, 그리스도교는 자기와 다른 생각을 가진 자들을 증오하고 박해하려 한다. 이는 그리스도교가 인간의 죄를 용서해줄 유일한 신에 대한 철저한 복종을 주창하기 때문이다. 이에 반해서 불교는 인격신과 같은 관념은 인간이 삶에서 느끼는 불안과 공포를 해소하기 위해 만들어낸 허구적인 관념으로 본다. 불교는 경우에 따라서는 이와 같은 허구적 관념이 인간을 정신적으로 건강하게 만드는 데 도움이 될 수도 있다고 본다. 불교에서 배격하는 것은 그러한 관념의 실재성을 주장하면서 그러한 관념만이 절대적인 진리라고 믿을 것을 강요하는 독단이다.

불교와 그리스도교에 대한 이러한 평가에 입각하여 니체는 불교는 피로하고 종말에 이른 문명을 위한 종교지만, 그리스도교는 아직 문명의 맹아도 보지 못했다고 말한다. 불교는 고대세계의 최하층계급이나 강하지만 좌절한 종족을 위한 종교가 아니라, "노년의 인간들(späte Menschen), 선량하고 부드러우며 지나치게 정신화되어 고통에 극히 민감한 종족을 위한 종교다." 즉 불교는 지나치게 문명화되어 약화된 종족들을 평온하고 명랑한 상태로 인도한다는 것이다. 이에 비해 그리스도교는 로마제국이라는 문명세계에서 문명의 세례를 받지 못한 최하층계급이나 아직 문명을 접한 적 없는 야만종족들을 병들게 한다.

그리스도교가 아직 문명과 접하지 않았다고 보는 니체의 관점은 그리스도교가 객관성보다 믿음을 중시한다고 보는 것과 밀접한 연관이 있다. 불교가 객관적 탐구를 중시하는 반면, 그리스도교는 어떤 것이 참인지 아닌지는 그 자체로 중요하지 않고 그것을 참이라고 믿는 것이 가장 중요하다고 본다. 예를 들어, 만약 죄로부터 구원받았다고 믿는 데 행복이 있다면 이를 위해 필요한 전제는 자신이 실제로 죄를 지은 자라는 것이 아니라 자기에게 죄가 있다고 느끼는 것이다. 이처럼 가장 중요한 것이 진리 자체가 아니라 믿음이라면 이성·인식·탐구는 좋지 못한 것으로 취급되어야만 한다. 즉 진리에 대한 탐구는 그리스도교에서는 금지된다.

3) 예수와 부처의 동질성

그러나 니체는 자신이 불교와 비교하면서 이렇게 폄하하고 있는 그리스도교는 바울이 해석한 그리스도교이지 예수가 구현하려 했던 참된 정신은 아니라고 본다. 예수가 구현하고자 했던 참된 정신이라고 니체가 주장하는 내용을 보면 불교와의 유사성이 눈에 띈다. 니체는 예수가 지향한 삶의 형태는 불교가 지향한 것과 본질적으로 동일하다고 보며 더 나아가 예수의 운동을 일종의 불교적 평화운동이라고까지 말하고 있다.

니체는 특히 예수를 영웅이자 천재로 본 르낭의 해석을 비판하면서 예수의 정신에 대해 다음과 같이 말한다.

첫째로 르낭의 해석과는 반대로 예수는 자신뿐 아니라 모든 사람이 하느님의 아들이라고 믿었으며 하느님의 아들로서 모든 사람은 동등하다고 믿었다. 또한 예수는 모든 싸움을 피하고 자신이 투쟁 상태에 있다는 모든 느낌에서 벗어나라고 가르쳤다. 악에 저항하지 말고 애초부터 저항할 능력조차 갖지 말라는 것이며 그 결과 얻어지는 평화, 온유함, 모든 사람을 형제처럼 사랑하는 상태에서 영원하고 완전한 행복을 발견하라는 것이다. 따라서 예수는 완전한 행복이 내세가 아닌 우리의 마음속에 있다고 보았다. '하느님 나라는 너희 안에 있다'는 것이다.

둘째로 이 점에서 니체는 예수가 위대한 상징주의자라고 말하고 있다. 그는 오직 내적 실재만을 실재로서, 즉 '진리'로서 간주했으며 자연적인 것·시간적인 것·공간적인 것·역사적인 것은 모두 상징으로만, 즉 비유를 위한 수단으로만 이해했다. 위에서 본 것처럼 '하느님 나라' 내지 '천국'이라는 것은 마음의 한 상태일 뿐이며 '지상을 넘어서' 존재하는 특정한 공간적 차원이나 '죽은 후에' 오는 특정한 시간적 차원과는 전혀 무관한 것이다. 그리고 '신의 아들' '아버지인 신' '천국'과 같은 말은 모두 어떤 심리적 상태를 가리킨다. '신의 아들'이라는 말은 모든 사물이 성스러운 것으로 총체적으로 변용되는 지복의 느낌으로 진입하는 사건을 상징한다. '아버지인 신'이라는 말은 이러한 느낌 자체, 즉 영원과 완성의 느낌을 상징한다.

셋째로 '기쁜 소식을 가져온 자'인 예수는 '인류를 구원하기' 위해서가 아니라 어떻게 살아야만 하는가를 보여주기 위해 십자가 위에서의 죽음을 택했다. 그는 자신에 대한 모든 중상과 탄압에 저항하지도 분노하지도 않았으며 자신의 권리를 변호하지도 않았고 오히려 자신을 죽이려는 자들을 사랑했다. 예수가 인류에게 남긴 것은 특정한 교리 체계가 아니라 이러한 삶의 모습이다.

니체는 예수의 죽음 이후에 득세한 실제의 그리스도교는 바울에 의해 정립된 것이라고 보면서 예수와 대비해 바울을 다음과 같이 묘사하고 있다.

첫째로 예수는 기쁜 소식을 전달했지만 바울은 화음, 즉 나쁜 소식을 만들어낸 자다. 바울은 '기쁜 소식의 전달자'와는 정반대의 유형이었으며, 그는 증오와 증오의 환상과 증오의 냉혹한 논리를 만들어내는 데 천재였다. 바울은 당시 사회에서 잘나가는 자들에 대한 증오에 사로잡혀서 예수를 믿지 않는 자들은 지옥에 떨어질 것이라는 교리를 만들어냈다.

둘째로 바울은 예수를 자신의 증오의 희생물로 삼았다. 예수의 삶과 모범, 가르침과 죽음 그리고 복음 전체를 바울은 자신이 이용할 수 있는 것으로 만들어버렸다. 그리고 그는 스스로 초대 그리스 도교의 역사를 날조해냈다. 그뿐 아니라 그는 이스라엘의 역사가 구세주인 예수의 행위를 위한 전사(前史)로 보이게끔 왜곡했다. 즉 구약성서의 모든 예언자들이 '구세주'에 대해 이야기하도록 만들어 놓았다.

셋째로 바울은 존재 전체의 중심을 존재의 배후로, 즉 내세의 피안으로 옮겨놓아버렸다. 이에 따라 그는 예수의 부활을 날조했다. 근본적으로 그는 구세주의 살아 있는 삶을 전혀 이용할 수 없었다.

넷째로 바울은 힘을 갖고 싶어했고 이에 따라 대중을 마음대로 지배하며 가축으로 만들 수 있는 개념과 가르침과 상징만을 이용할 수 있었다. 이러한 개념과 가르침과 상징 중에 영혼불멸이나 최후의 심판만큼 좋은 수단은 없었다. 사람들은 최후의 심판에서 지옥에 떨어지지 않기 위해 바울을 비롯하여 신의 권력을 위탁받은 성직자들의 지배에 복종해야만 했다.

바울에 대한 극히 비판적인 서술과 예수에 대한 니체의 묘사가 너무나 대조되기 때문에, 사람들은 니체가 예수를 극히 긍정적으로 평가하는 것으로 착각할 수 있다. 사실 예수의 정신과 제도화된 그리스도교의 정신의 차이를 강조하고 있기 때문에 많은 연구자들은 니체가 예수를 긍정적으로 보았으며 심지어 니체가 말하는 초인은 예수와 동일하다는 어처구니없는 주장을 펴기도 했다. 그러나

194

니체는 예수를 '숭고한 것과 병적인 것과 유치한 것이 기이하게 결합되어 있는 가장 흥미로운 데카당'이라고 보았다. 니체는 이러한 평가는 부처에게도 동일하게 타당하다고 보았을 것이다.

실로 니체는 결국 자신을 적대시하는 자들조차도 사랑하려는 것으로 귀결되는 예수의 정신이 비롯된 생리적 조건을 부처의 정신이 비롯된 생리적 조건과 동일한 것으로 파악한다. 즉 니체는 예수의 정신도 부처의 정신도 고통과 자극에 대한 지나친 민감성에서 비롯되었다고 보는 것이다. 그러한 상태는 어떤 것이든 단단한 물체에 닿기만 해도 그리고 그걸 쥐기만 해도 기겁을 하고 움츠러드는, 촉각이 병적으로 민감한 상태와 유사하다.

이러한 생리적 상태로 인해서 사람들은 모든 현실성을 본능적으로 증오하고 두려워하면서 '붙잡을 수 없는 것' '이해할 수 없는 것'으로 도피한다. 그들은 모든 형식, 모든 시간 개념과 공간 개념, 확고한 모든 것, 관습, 제도, 교회 등 모든 것에 대해 반감을 가지며, 어떠한 종류의 현실도 건드리지 않는 세계인 '내적인' 세계에 안주하는 것을 지향하게 된다. 한없이 작은 고통에 대해서마저 공포를 느끼는 극단적인 감수성으로 인해 모든 혐오, 모든 적의, 한계와 거리에 대한 모든 느낌을 불쾌한 것으로 보면서 악에든 악인에게든 더 이상 저항하지 않고 사랑함으로써 정신적인 평화를 향유하려고 한다.

불교가 증오를 증오로 갚지 않는 내적인 평화로 도피하는 것과 마찬가지로 예수 역시 사랑의 마음에 안주하면서 현실적인 자극과 고통에서 도피하려고 한다는 것이다. 이와 관련하여 니체는 예수의 정신은 에피쿠로스의 쾌락주의가 숭고하게 발전된 것이라고 본다. 물론 니체는 에피쿠로스주의는 비록 그리스적 생명력과 신경에너지를 상당히 더 갖고 있다는 조건을 붙였지만, 현실과 정치를 피해 숲으로 도피할 것을 권유한 에피쿠로스주의 역시 고통과 자극에 대한 지나친 민감성에서 비롯된 데카당스적인 철학이라고 보았다. 이 연장선상에서 니체는 불교도 에피쿠로스주의와 유사한 것으로 볼 것이다.

요컨대 니체는 예수의 정신과 불교의 정신은 동일한 생리적 조건에서 비롯된 것이면서 내면적인 평화로 도피해 들어가려 한다는 점에서 근본적으로 동일하다고 본다. 이 점에서 니체는 '예수의 모습은 인도와는 별로 같은 점이 없는 땅에서 부처의 모습처럼 보인다'고 말할 뿐 아니라, 예수의 운동을 불교적인 평화운동이라고까지 말하고 있는 것이다.

2. 유대교와 그리스도교: 민족종교에서 사해동포주의적 종교로의 전락

니체는 종교를 크게 두 종류로 나눈다. 하나는 인간들에게 어떤 죄책감을 강요하는 신이 아니라 그 민족의 영광과 힘을 상징하는 신을 신봉하는 종교다. 이런 종교의 대표격으로 니체는 그리스와 로마의 고대 종교와 구약성서에 나타난 종교를 들고 있다. 다른 하나는, 바울이 만들어낸 그리스도교처럼 지상의 힘이나 쾌락을 죄악시하고 끊임없는 회개를 강요하는 신을 신봉하는 종교다.

니체는 구약성서를 어떻게 평가하느냐에 따라서 그 사람이 '위대한' 인간인지 '왜소한' 인간인지 결정된다고 하면서 아마도 왜소해질 대로 왜소해진 오늘날의 유럽인들은 이른바 은총의 서(書)인 신약성서를 더 좋아할 것이라고 말한다. 이와 함께 니체는 신약성서에는 연약하면서도 둔감한 맹신자와 왜소한 인간의 체취가 잔뜩 배어 있다고 말하면서, 신약성서가 로코코식인 반면 구약은 위대한 책이라고 주장한다.

니체는 구약성서의 신, 특히 왕조시대에 유대인들이 믿었던 신은 자신들이 가지고 있던 힘에 대한 의식의 표현이었고 그들 자신에 대한 기쁨, 그들 자신에 대한 희망의 표현이었다고 보았다. 그들은 신이 자신의 편이라고 믿었고 승리와 구원을 가져다줄 것이라고 믿었다. 그 신은 훌륭한 군인이기도 하고 정의로운 심판자이기도 한 왕의 형상을 지니고 있었으며, 도움을 주고 수단을 강구해주며 근본적으로 용기와 자기 신뢰를 불어넣어주는 모든 행복한 영감(靈感)의 대명사였다. 그것은 그야말로 이스라엘 민족의 생존과 성장 조건의 표현이었으며 그 민족의 가장 깊은 삶의 본능이 표현된 것이었다.

이러한 신이 갖는 특성을 우리는 다음과 같이 정리해볼 수 있을 것이다.

첫째로 이 신은 자기 자신을 신뢰하고 자신에 대해 긍지를 지닌 민족이 섬기는 신이다. 이 신을 숭배하면서 그 민족은 자신들이 정상에 서는 것을 가능하게 한 조건들, 즉 자신들의 미덕을 숭배한다. 달리 말해서 이 신은 이 민족이 이상으로 여기고 구현하려 하는 미덕의 상징이고 그것을 최고로 구현한 자로 간주된다.

둘째로 그 민족은 자신들에 대한 기쁨을, 자신들이 힘을 가지고 있다는 느낌을 신에게 투사하면서 그 신에게 감사를 드린다. 이러한 민족에게 신은 최고의 힘으로 넘치는 존재지만, 신이 가진 힘은 그 민족이 자신이 가졌다고 느끼고 있는 힘의 상징에 불과하다. 따라서 신에게 감사를 드릴 때 그 민족은 사실 자기 자신에게 감사를 드리는 것이다. 그 민족은 자신에 감사하기 위해서 신을 필요로 하는 것이다.

셋째로 이 신은 선악을 넘어서 있으며 선할 때도 있지만 악할 때도 있다. 신을 반자연적으로 거세하여 선하기만 한 신으로 만드는 것은 이러한 종교에서는 전혀 바람직한 일이 아니다. 이는 우리가 생존하는 것이 반드시 관용과 호의 덕분만은 아니기 때문이다. 분노, 복수, 질투, 조소, 간계, 폭력, 승리와 파괴의 황홀한 열정을 알지 못하는 신은 아무런 소용이 없다.

인간들에게 죄악감을 심어주고 하느님의 은총만을 기다리게 하는 바울의 이념뿐 아니라 예수의 이념도 유대민족의 자존심이나 자긍심과는 아무 관련이 없다. 특히 예수는 유대민족을 신의 선민으로 보는 것을 단호하게 거부했고 계급, 특권, 위계, 성직과 신학자적인 모든 것까지도 거부했다. 니체는 이러한 예수의 이념도 궁극적으로는 유대민족이 자신의 힘을 상실하고 자신에 대한 긍지와 신뢰를 잃은 데서 비롯된 것으로 본다. 어떤 민족이 몰락하면서 자신에 대한 신뢰와 긍지를 상실하여 적에게 무조건 복종하는 것이 유리하다고 생각하게 될 때는 그 민족의 신도 모든 인간을 똑같이 사랑할 것을 요구하는 사해동포주의적인 신으로 전락한다는 것이다.

이전에는 신은 어떤 민족을 대표했으며, 그 민족의 강함과 그 민족의 혼에서 나오는 공격적인 모든 것과 힘에 대한 갈망을 나타냈다. 그런데 이제 신은 선량한 신에 불과하다. …… 실로 신들은 다음 두 가지 중 하나일 뿐이다. 즉 신들은 힘에의 의지이거나 **아니면** 힘에의 무기력이다. ― 전자라면 신은 민족의 신이 되지만, 후자라면 신은 필연적으로 선량한 신이 된다.[9]

---

9) 『안티크리스트』, 16절.

니체는 사해동포주의적인 종교와 사해동포주의적인 가치라고 부르는 것의 기원을 이와 같이 어떤 민족이 겪게 된 힘의 약화에서 찾는다.

그는 또한 예수의 사해동포주의와 제도화된 그리스도교의 사해동포주의 사이에는 미묘한 차이가 있음을 지적한다. 이는 앞에서 본 예수의 이념과 바울의 이념 차이에 해당한다. 그리고 니체는 예수의 사해동포주의와 예수의 제자들 및 제도화된 그리스도교의 사해동포주의 사이의 차이는 결국 양자의 생리학적·심리학적 조건이 서로 다르다는 데서 비롯된 것으로 본다.

앞에서 이미 본 것처럼 니체에 따르면 예수는 고통과 자극에 대해 지나치게 민감했다. 이와 함께 예수는 한없이 작은 고통에 대해서도 공포를 느끼고 모든 혐오, 모든 적의, 한계와 거리에 대한 모든 느낌을 불쾌한 것으로 보면서 모든 것을 사랑함으로써 정신적인 평화를 향유하려고 한다. 이에 반해 제자들과 제도화된 그리스도교 신자들은 세상의 지배자들에 대한 원한과 증오를 생리학적·심리학적 조건으로 갖는다. 따라서 제도화된 그리스도교는 사해동포주의를 표방하지만 그것의 교설에서 우리는 원한과 증오를 읽을 수 있다.

예수는 사제 집단을 포함하여 모든 지배 질서를 비판한다. 예수는 모든 사람들이 형제로 사랑하고 그 어느 누구도 증오하지 않고 그 어느 누구에게도 반항하지 않는 마음의 상태를 지향한다. 이 점에서 니체는 예수의 이념을 '성스러운 무정부주의', 혹은 '불교적인 평화운동'이라고 부른다. 예수가 전하려고 했던 '기쁜 소식'이란 우리가 적대시할 것이 더 이상 존재하지 않는다는 것이며, 우리가 모든 인간에 대한 증오나 적의를 버리고 사랑으로 가득 차 있으면 우리는 이미 신이고 또한 이미 천국 속에 있다는 것이었다.

그러나 제자들은 예수의 이념에 증오와 원한을 섞고 예수가 한낱 상징으로 생각했던 것을 문자 그대로 이해하면서, 천국은 믿는 자들이 갈 곳이고 지옥은 믿지 않는 자들이 갈 곳이라 생각하게 된다. 이런 의미에서 니체는 그리스도교의 역사는 하나의 근원적인 상징체계를 갈수록 조야하게 오해해온 역사라고 말한다. 특히 고대사회의 노예계급을 비롯해 미개한 대중 사이에 퍼져나가면서 그리스도교는 갈수록 더 조야하고 야만적인 것이 될 수밖에 없었다. 그것은 온갖 종류의 병적이고 불합리한 점들, 그리고 민중의 원한과 증오를 받아들였다.

이에 따라 그리스도교는 믿지 않는 자들에 대한 보복과 심판을 요구하게 되었고, 메시아에 대한 민중의 기대가 다시 한 번 전면으로 부각되었다. 이 점에서 제도화된 그리스도교의 신은 사해동포주의적인 신, 무엇보다 억압당하고 고난받는 자들의 신이 된다. 이러한 사실을 지적하면서 니체는 '하느님께서는 이 세상의 약한 자들을, 이 세상의 어리석은 자들을, 이 세상의 보잘것없는 자들과 멸시받는 자들을 택하셨도다'라는 바울의 말을 인용하고 있다. 이런 맥락에서 니체는 또한 그리스도교인들이 로마의 신들을 우상이고 악마라고 비난할 때 그것은 정복당한 자들의 복수심을 반영한다고 본다.

(…) 정복당한 민족은 자신의 신을 '선 자체'로 끌어내릴 때의 본능과 동일한 본능을 가지고 그들을 정복민족의 신에게서 선한 속성을 박탈해버린다. 정복당한 민족은 지배자들의 신을 **악마로 만듦**으로써 자신의 지배자들에게 복수한다. — **선한** 신과 악마, 양자 모두가 데카당스의 산물인 것이다. 그리스도교 신학자들은, 신 개념이 민족의 신인 '이스라엘의 신'으로부터 모든 선의 총괄 개념인 그리스도교적 신으로 전개된 것을 **진보**라고 공언한다. (…)[10]

예수는 자신과 다른 사람들 사이에 아무런 차별도 두지 않았지만 제자들과 제도화된 그리스도교는 예수를 구세주로 격상시키며, 메시아가 적을 심판하러 오는 결정적인 시간을 대망하게 되었다. 이렇게 해서 그리스도교는 사랑을 실천하는 종교가 아니라 믿음의 종교가 되고 죽어서 천국에 가는 것을 갈구하는 종교가 되고 말았다. 그리고 그것은 이와 함께 모든 자연적인 것을 악하고 부정(不淨)한 것으로 보게 되며 신체와 성욕을 악마시하게 된다.

---

10) 『안티크리스트』, 17절.

그리스도교적 신 개념—병든 자들의 신, 거미로서의 신, 정신으로서의 신—은 지상에 출현했던 가장 타락한 신 개념 중 하나다. 그것은 아마도 신들의 유형이 하강하는 과정에서 도달하게 된 가장 밑바닥일 것이다. 신은 생을 성스럽게 변용하고 영원히 긍정하는 것으로 존재하는 대신에 **생을 부정하는 것**으로 퇴화되고 말았다! 신의 이름으로 생과 자연 그리고 생에의 의지에 대한 선전포고가 행해지다니! 신은 '차안'에 대한 온갖 비방과 '피안'에 대한 온갖 거짓말을 위한 정식(定式)이 되고 말았다! 신을 통해서 무는 신격화되었고 무에의 의지는 신성한 것이 되었다! ……[11]

오늘날 대부분의 사람들은 유대민족의 신인 야훼가 갈수록 사해동포주의적인 신의 성격을 띠게 되는 과정을 인류의 정신적인 성장 과정으로 볼 것이다. 이에 대해 니체는 그러한 과정을 유대민족이 자신들의 자부심을 상실하면서 무력하게 되는 과정과 동일시하였고 진보가 아닌 후퇴라고 본다. 니체에게 신이라는 개념은 그것이 건강한 것인 한에서는 어디까지나 한 민족이 자신들의 강력한 힘과 자신들의 영광에 대해 갖는 의식의 표현이다.

이런 연장선상에서 니체는 사해동포주의적인 사랑이라는 가치와 그에 입각한 민주주의나 사회주의라는 이념이 득세하고 있는

---

11) 『안티크리스트』, 18절.

근대유럽의 현실에서 유럽의 몰락을 보았다. 니체가 보기에 생은 근본적으로 정복과 착취인데 그러한 가치와 이념은 인간을 무기력한 수동성으로 몰아갈 수 있다고 보는 것이다. 그러면 이러한 사해동포주의적인 사랑이라는 가치 대신에 니체가 내세우는 가치는 무엇인가?

어떤 가치가 그리스도교적 이상에 의해 부정되고, 이것과 반대되는 이상은 무엇을 내포하는가? 긍지, 거리를 두는 파토스, 큰 책임, 원기 발랄함, 멋진 야수성, 호전적이고 정복적 본능, 열정과 복수와 책략과 분노와 관능적 쾌락과 모험과 인식의 신격화….[12]

III. 맺으면서

우리는 부처와 예수 그리고 그리스도교에 대한 니체의 이해와 평가를 어떻게 받아들일 것인가? 이 글은 해제이며 논문이 아니므로, 부처와 예수 그리고 그리스도교에 대한 니체의 이해와 평가를 비판적으로 상세하게 검토할 수는 없다.[13] 다만 여기서는 약간의

---

12) 니체, 『유고 1887년 가을-1888년 3월』, 니체전집 20권, 백승영 옮김, 책세상, 2004, 481쪽.
13) 불교와 예수 그리고 그리스도교에 대한 니체의 비판을 옮긴이는 다음 글에서

문제제기를 하는 것으로 그친다.

부처와 예수에 대한 니체의 평가에 일말의 진실이 있는 것은 사실이지만 우리는 부처와 예수를 니체와는 다르게 볼 수도 있다. 니체는 부처나 예수를 자신을 탄압하는 자들에게 저항할 힘을 상실한 유약한 자들로 보지만 과연 부처와 예수를 그렇게만 보는 것이 온당할까? 이에 대해서는 얼마든지 다른 관점이 존재할 수 있다. 오히려 우리는 부처든 예수든 도스토옙스키가 『백치』에서 그려낸 것과 같은 순진한 인간이 아니라 지혜와 용기 그리고 수많은 제자들과 사람들을 감복시키는 강한 카리스마를 가진 사람들이라고 볼 수 있을 것이다. 상인들이 성전을 더럽혔다고 분노하며 상인들을 내쫓는 신약성서 속 예수의 모습에서 우리는 강한 권위와 카리스마를 경험한다. 이 점에서 니체가 그린 예수상은 어느 정도의 설득력을 가지면서도 예수의 전체상을 제대로 그려내지는 않았다는 문제제기가 가능할 것이다.

이와 관련하여 우리는 한스 큉과 함께 니체에게 다음과 같은 이의를 제기할 수 있을 것이다.

비판적으로 검토하고 있다. 박찬국, 「불교와 그리스도교에 대한 니체의 비판에 대한 비판적 고찰 — 에리히 프롬과의 비교를 통해서」, 《존재론연구》 제27집, 한국하이데거학회, 2011년, 제2장과 3장 참조. 박찬국, 『니체와 불교』, 씨아이알, 2013년, 특히 VIII장 참조.

나약함이라는 것이 냉혹함에 의해서만 극복될 수 있는가? 중간색이 없고 단계가 없으며 수단 대책이 없는 것일까? 동정·선량·자비·관용··유대·사랑, 이 모든 것이 꼭 나약함이라고 단죄되어야 하는 것일까? 자비 역시 강함에서 오고 동정 역시 충만함에서 오며 선량함 역시 인간의 위대함에서 오지 않던가?[14]

이와 함께 우리는 니체의 그리스도교 비판에 대해서도 이의를 제기할 수 있을 것이다. 한스 큉은 니체의 그리스도교 비판이 모두 타당하다면 우리는 더 이상 그리스도교를 믿어서는 안 될 것이라고 단호하게 말하고 있다.

'신'이라는 개념이 생의 반대 개념으로 생성되었고,

– 만일 이 '신'이라는 개념 속에는 해롭고 유독하고 중상모략하는 모든 것과 생에 대한 불구대천의 적개심이 종합되어 하나의 무시무시한 개체를 이루고 있다면,

– 만일 '피안'과 '진정한 세계'라는 개념이 현존하는 단 하나의 세계의 가치를 전락시키기 위해, 이 지상적 실재에 아무런 목적도 명분도 우리 존재의 사명도 남기지 않기 위해 만들어진 것이라면,

– 만일 '영혼'이니 '정신'이니 더군다나 '불멸의 영혼'이라는 개념이

---

14) 한스 큉, 위의 책, 567쪽 이하.

육체를 경멸하고 병들게, 즉 '신성하게' 만들기 위해 만들어진 개념이며, 인생에 있어서 귀중한 가치가 있는 모든 것, 즉 영양, 주거, 질병의 치료, 청결, 기후 등에 관한 문제들을 섬뜩할 정도의 경솔함으로 대처하도록 만들어진 것이라면,

— 만일 건강 대신에 '영혼의 구원'을 추구하고 영혼의 구원이란 실은 주기적 발광, 발작적인 고행과 구속의 히스테리 사이에서 오락가락하는 조울증 발광이라면,

— 만일 '죄악'이라는 개념이 '자유의지'라는 개념과 더불어 본능을 교란시키기 위하여 발견된 것이요 본능이라는 것을 제2의 천성처럼 여겨 불신하게 만들고자 착상해낸 것이라면,

— 만일 '무사무욕'이니 '자기 부정'이니 하는 개념에서 정말 데카당스의 명확한 징후가 뒤섞여 있다면,

— 만일 '의무'라는 것, '성스러움'이라는 것, 인간 안에 있는 '신적인 것'에 사실상 자기 파괴라는 만성적인 인장이 박혀 있다면,

— 만일 '선인'이라는 개념을 도대체 약자들과 병자들과 낙오자들과 자기 탓으로 고통받는 자들을 편들고, 그 대신 '예'라고 말하는 긍정의 인간, 장래에 대하여 확신이 선 사람들, 미래를 보장하는 사람들에게 반항하는 뜻으로 써먹는다면,

— 만일 이상의 모든 것이 그리스도교 도덕이라는 것이라면,

그렇다면 니체가 한 말이 옳다! 그렇다면 우리도 니체를 뒤따라서 '파렴치한(漢)을 분쇄하라!'라는 볼테르의 구호를 제창하지 않으면 안

된다. 그렇다면, 정말 그렇다면 우리는 '디오니소스 대 십자가에 달린 자'라는 대립에서 디오니소스와 한편이 되어야 한다. 그렇다면 우리는 결코 그리스도인이 되는 일은 불가능하며 안티크리스트인이 되어야 마땅하다.[15]

그러나 한스 큉은 위와 같은 것이 그리스도교의 전부는 아니라고 본다. 이와 관련하여 한스 큉은 니체가 본 그리스도교는 니체의 시대에 의해서 제약된 그리스도교가 아닐지 의문을 제기하고 있다.

니체는 주로 프로테스탄트 목사관, 그리스도교 기숙학교에서 목격하고 배운 그리스도교를 상대로 하고 쇼펜하우어의 철학을 통해서 그리스도교를 상대로 하고 있지 않은가? 그리고 오늘에 와서도 니체가 보는 식으로 설교하고 권유하고 생활하는 일이 과연 그만큼 흔한가?

우리가 여기서 할 수 있는 말은 오직 그리스도교가 이런 식으로 보여서는 안 된다는 것뿐이다. 그리고 예수 그리스도가 올바로 이해된다면 그리스도교가 이런 식으로 보일 수는 없다. 거기에 비추어볼 때에 먼저 인간적이 아니고서는 그리스도인이 된다는 것은 불가능한 까닭이다.[16]

---

15) 같은 책, 562쪽 이하.
16) 같은 책, 563쪽 이하.

한스 큉이 말하듯이, 니체의 그리스도교 비판이 일정한 시대적 제약성을 가질 수 있고 그리스도교 전체에 타당한 것은 아닐 수 있다고 생각한다. 특히 니체는 그리스도교와 그것의 평등 이념에 입각한 민주주의나 사회주의 혹은 무정부주의를 약한 자들이 강한 자들에 대해 갖는 원한과 시기심에서 비롯된 것으로 보고 있지만, 우리는 헤겔식으로 그것들의 기원을 민중의 정신적 성장에서 찾을 수도 있을 것이다. 헤겔이 말하는 것처럼, 노예계급은 노동을 통해 자연과 대결하면서 자연을 변형할 수 있는 자신의 주체적인 능력을 깨닫게 되고, 그럼으로써 자신도 주인들과 동등한 주체적 인격이라는 의식에 도달한 것으로 볼 수도 있다.

물론 그렇다고 해서 니체가 말하는 것처럼 그리스도교와 그것을 계승한 근대적인 평등 이념에 원한과 시기심이 전혀 없다는 말은 하지 못할 것이다. 이 점에서 우리는 니체의 그리스도교 비판이 전적으로 빗나간 것이라고만은 볼 수 없다. 니체의 그리스도교 비판은 역설적으로 그리스도교가 자신을 어떻게 개혁하고 변화시켜야 하는지에 대한 하나의 방향을 가리킨다고 볼 수도 있다.

이 책은 대우재단의 지원을 받아 연구 및 출간되었습니다.

박찬국

서울대학교 철학과 교수.

서울대학교 철학과를 졸업하고 동 대학원에서 석사학위를, 독일 뷔르츠부르크 대학교에서 철학 박사학위를 받았다. 니체와 하이데거의 철학을 비롯한 실존철학이 주요 연구 분야이며, 최근에는 불교와 서양철학 비교를 중요한 연구과제 중 하나로 삼고 있다. 2011년에 『원효와 하이데거의 비교 연구』로 제5회 '청송학술상', 2014년에 『니체와 불교』로 제5회 '원효학술상', 2015년에 『내재적 목적론』으로 제6회 운제철학상, 2016년에 논문 「유식불교의 삼성설과 하이데거의 실존방식 분석의 비교」로 제6회 반야학술상을 받았으며, 『초인수업』은 중국어로 번역되어 대만과 홍콩 및 마카오에서 출간되었다. 저서로는 위의 책들 외에 『그대 자신이 되어라 — 해체와 창조의 철학자 니체』, 『들길의 사상가, 하이데거』, 『하이데거는 나치였는가』, 『하이데거의 《존재와 시간》 강독』, 『니체와 하이데거』 등이 있고, 주요 역서로는 『니체 I, II』, 『근본개념들』, 『아침놀』, 『비극의 탄생』, 『안티크리스트』, 『우상의 황혼』, 『선악의 저편』, 『도덕의 계보』, 『상징형식의 철학 I, II, III』 등 다수가 있다.

안티크리스트

대우고전총서 035

1판 1쇄 펴냄 │ 2013년 12월 30일
1판 8쇄 펴냄 │ 2024년 8월 20일

지은이 │ 프리드리히 니체
옮긴이 │ 박찬국
펴낸이 │ 김정호
펴낸곳 │ 아카넷

출판등록 2000년 1월 24일(제 406-2000-000012호)
주소 10881 경기도 파주시 회동길 445-3
전화 031-955-9511(편집) · 031-955-9514(주문) │ 팩스 031-955-9519
www.acanet.co.kr

철학, 서양철학, 독일철학, 생철학 KDC 165. 77

Printed in Paju, Korea

ISBN 978-89-5733-344-0   94160
ISBN 978-89-89103-56-1   (세트)